www.ingramcontent.com/pod-product-compliance
Lightning Source LLC
LaVergne TN
LVHW011946070526
838202LV00054B/4828
* 9 7 8 8 1 1 9 0 2 2 4 7 2 *

گلدستۂ نقد

(ادبی تبصرے)

ڈاکٹر محمد اسلم فاروقی

© Taemeer Publications

Guldasta-e-Naqd *(Adabi tabsere)*
by: Dr. Mohammed Aslam Faroqui
Edition: March '2023
Publisher& Printer:
Taemeer Publications, Hyderabad.

ISBN 978-81-19-02247-2

مصنف یا ناشر کی پیشگی اجازت کے بغیر اس کتاب کا کوئی بھی حصہ کسی بھی شکل میں بشمول ویب سائٹ پر اَپ لوڈنگ کے لیے استعمال نہ کیا جائے۔ نیز اس کتاب پر کسی بھی قسم کے تنازع کو نمٹانے کا اختیار صرف حیدرآباد (تلنگانہ) کی عدلیہ کو ہو گا۔

©تعمیر پبلی کیشنز

کتاب	:	**گلدستۂ نقد** (ادبی تبصرے)
مصنف	:	**ڈاکٹر محمد اسلم فاروقی**
صنف	:	تبصرہ و تنقید
ناشر	:	تعمیر پبلی کیشنز (حیدرآباد، انڈیا)
زیر اہتمام	:	تعمیر ویب ڈیولپمنٹ، حیدرآباد
سالِ اشاعت	:	۲۰۲۳ء
تعداد	:	(پرنٹ آن ڈیمانڈ)
صفحات	:	۱۵۰
کمپوزنگ و سرورق	:	لولو گرافکس
ملنے کے پتے	:	ڈاکٹر محمد اسلم فاروقی، فون: 09247191548 ہمالیہ بک ڈپو، نامپلی، حیدرآباد ھدیٰ بک ڈپو، پرانی حویلی، حیدرآباد

3

فہرست مشمولات

☆ پیش لفظ — پروفیسر محمد انورالدین 6

☆ اپنی بات — ڈاکٹر محمد اسلم فاروقی 7

☆ اللہ میاں کا کارخانہ۔از۔محسن خان 8

☆ بچوں کے حالی۔از۔سید تقی عابدی 17

☆ ابراہیم جلیس: شخصیت اور فن۔از۔رحمت یوسف زئی 23

☆ کائستھ خاندان کی تاریخ۔از۔نارائن راج 30

☆ حیدرآباد میں اردو ذرائع ترسیل و ابلاغ۔از۔مصطفیٰ علی سروری 37

☆ احساسات۔از۔ مصطفیٰ علی سروری 42

☆ سائبر دور میں حیدرآباد کے روزنامے۔از۔احتشام الحسن مجاہد 46

☆ کوئی لوٹا دے مرے (انشائیے) از۔جاوید نہال حشمی 53

☆ طلبہ کے تین دشمن۔از۔فاروق طاہر 60

☆ حرف سخن۔از۔جمیل نظام آبادی 66

☆ گٹھلیوں کے دام۔از۔بیلن نظام آبادی 72

☆ عرفان ادب۔از۔ابرارالباقی 78

84	☆	کبھی تو رنگ مرے ہاتھ کا حنائی ہو۔از۔راسیہ نعیم ہاشمی
90	☆	ادبی و تہذیبی رپورتاژ۔از۔محمد ناظم علی
94	☆	رٹمن کے مہمان۔از۔سید آصف الدین ندوی قاسمی
99	☆	قدم قدم دانش۔از۔قدیر دانش
104	☆	رسالہ۔اسباق۔پونے۔مدیر۔نذیر فتح پوری
111	☆	باغباں کا فرض۔از۔صلاح الدین ایوبی
117	☆	مضامین شیلا راج۔از۔عبدالعزیز سہیل
122	☆	سو لفظوں کی کہانیاں۔از۔ریحان کوثر
127	☆	مجھے کچھ کہنا ہے۔از۔شیخ احمد ضیاء
133	☆	فکرِ نو۔از۔عبدالعزیز سہیل
138	☆	سفینہ ادب۔از۔عبدالعزیز سہیل
143	☆	روشن ستارے۔تلنگانہ ریاستی اردو اکیڈیمی

انتساب

اُردو کے ان ناقدین کے نام
جن کی تحریروں نے
مجھے ادب کو سمجھنے اور اس کی تفہیم کا موقع فراہم کیا۔

پیش لفظ

ڈاکٹر محمد اسلم فاروقی ابھرتے ادیب،صحافی، نقاد اور اردو کو کمپیوٹر سے جوڑنے والے ادیب کے طور پر جانے جاتے ہیں۔ اخبارات اور رسائل میں معلوماتی وادبی مضامین لکھتے ہیں۔ ان کی اب تک آٹھ کتابیں شائع ہوچکی ہیں۔ انہوں نے یونیورسٹی آف حیدرآباد سے میرے زیر نگرانی عزیز احمد کی ناول نگاری پر ایم فل اور حبیب حیدرآبادی کی شخصیت اور فن پر پی ایچ ڈی کی ہے۔ مجھے ان کی ہمہ جہت صلاحیتوں پر ہمیشہ فخر رہا ہے۔ اردو کے مثالی شاگرد سے استاد اردو تک ان کا سفر متاثرکن رہا ہے۔ سوشل میڈیا پر سرگرم ہیں اور اردو کو فروغ دینے میں لگے ہوئے ہیں۔ ڈگری کالج میں استاد اردو ہیں۔ طلباء کی سہولت کے پیش نظر نصابی مواد بھی تیار کرتے رہتے ہیں۔ زیر نظر کتاب ”گلدستہ نقد“ ڈاکٹر محمد اسلم فاروقی کے مختلف ادیبوں کی کتابوں پر لکھے گئے تبصروں کا مجموعہ ہے۔ اس کتاب میں شامل تبصرے نہ صرف کتاب کا بھرپور تعارف پیش کرتے ہیں بلکہ کتاب پر ڈالی گئی طائرانہ اور تنقیدی نظر سے قاری کو کتاب اور صاحب کتاب کے بارے میں اپنی رائے قائم کرنے کا موقع فراہم کرتے ہیں۔ ڈاکٹر محمد اسلم فاروقی ایک ستھرا اور نکھرا ہوا تنقیدی مزاج رکھتے ہیں۔ وہ ادب کی تفہیم اور اس کے تاثرات کو پیش نظر رکھ کر اپنی تنقیدی بصیرت کے ساتھ تبصرے لکھتے ہیں۔ ان کے لکھے ہوئے تبصرے انٹرنیٹ کی مشہور اردو ویب سائٹس پر مطالعے کے لیے دستیاب ہیں۔ اور اب یہ کتابی شکل میں پیش ہو رہے ہیں۔ میں فاضل مصنف کو ان کی تازہ تصنیف کی اشاعت پر مبارکباد پیش کرتا ہوں اور امید کرتا ہوں کہ ان کی دیگر تصانیف کی طرح یہ کتاب بھی پسند کی جائے گی۔

پروفیسر محمد انورالدین

اپنی بات

''گلدستہ نقد'' میرے ادبی تبصروں کا مجموعہ ہے۔ان دنوں ادبی کتابیں بہت شائع ہورہی ہیں۔اور کتابوں کے مصنفین' اساتذہ' ادیب' شعرا اور قلمکار چاہتے ہیں کہ ان کی کتاب پر تبصرہ لکھا جائے تاکہ کتاب کا تعارف اردو کے باذوق قارئین تک پہنچ جائے اور وہ کتاب کو پڑھنے کے لیے راضی ہوجائیں۔میرے ان تبصروں میں اردو کی تحقیقی وتنقیدی کتابوں' تخلیقی ادب میں شاعری اور انشائیہ نگاری' سائنس وٹیکنالوجی' تعلیمی نفسیات وغیرہ موضوعات کی کتابیں شامل ہیں۔ممتاز نقاد آل احمد سرور کی تنقید نگاری کے بارے میں کہیں پڑھا تھا کہ وہ اپنے تنقیدی مضامین میں توضیح وتشریح کا رویہ اختیار کرتے ہیں اور زیر نقد کتاب یا صاحب کتاب پر اپنی رائے اس طرح دیتے ہیں کہ قاری کو وہ موضوع اور مضمون اچھی طرح سمجھ میں آجائے۔میری بھی یہی کوشش ہوتی ہے کہ چاہے تنقید ہو یا تبصرہ نگاری' میں موضوع کی وضاحت اور صاحب کتاب کے انداز تحریر کو توضیح وتشریح کے ساتھ اس طرح پیش کرنے کی کوشش کرتا ہوں کہ اردو کے عام قارئین نہ صرف کتاب کے مواد کے بارے میں بھرپور تعارف حاصل کرلیتے ہیں بلکہ اس کتاب پر اپنی رائے قائم کرتے ہوئے اسے پڑھنے کے لیے تیار ہوجاتے ہیں۔آج اردو کتابوں کو اچھے باذوق قارئین کی ضرورت ہے اور اس کے لیے یہ ادبی تبصرے قاری اور کتاب کو جوڑنے کا کام دیتے ہیں۔میرے یہ تبصرے مختلف ادبی ویب سائٹس' اخبارات ورسائل میں شائع ہوکر پسند کیے گئے ہیں۔امید ہے اردو کے قارئین کے لیے یہ کتاب ضرور پسند آئے گی۔میں اپنے استاد محترم پروفیسر محمد انورالدین صاحب اور تلنگانہ اردو اکیڈیمی کا سپاس گزار رہوں گا کہ اس کتاب پر تعارف لکھا گیا اور اسے اشاعت کے مراحل سے گزارنے کے لیے تعاون دیا گیا۔

ڈاکٹر محمد اسلم فاروقی

نام کتاب : اللہ میاں کا کارخانہ

مصنف : محسن خان

قصہ سننا یا سنانا ہر زمانے میں انسان کا محبوب مشغلہ رہا ہے۔ یہ انسان کی فطرت ہوتی ہے کہ وہ اپنے حالات دوسروں کو سنانا چاہتا ہے اور دوسروں کے حالات جاننا چاہتا ہے۔ قصہ نگاری کی اسی فطری ضرورت کے تحت داستان، ناول، ڈرامہ اور افسانہ مقبول عام اصناف سخن رہی ہیں۔ ناول کی غیر مقبولیت اور افسانہ یا مختصر افسانہ کی مقبولیت کی اہم وجہ زندگی کی تیز رفتاری اور وقت کی کمی بیان کی گئی۔ لیکن اکیسویں صدی کی اس تیز رفتار زندگی میں بھی جب کہ انسان اخبار کی سرخیوں پر ہی اکتفا کرنے لگے ہیں مختصر افسانے کے شانہ بہ شانہ ناول نے بھی اپنی شناخت برقرار رکھی ہے اور وقت کی کمی کے اس المیے والے دور میں بھی اردو کے قاری ایک اچھے ناول کو مکمل پڑھنے اور اردو ناول نگاروں کی جانب سے اچھے ناولوں کے لکھے جانے کے منتظر رہے ہیں ۔اس طرح پتہ چلا کہ اردو میں ناول کو زوال تو نہیں آیا لیکن اردو ناول کے قاری نے ناول کے مطالعے کے لیے یہ پیمانہ رکھا کہ ناول اچھا اور معیاری ہو اور قاری کو مطالعے کے لیے اس قدر باندھے رکھے کہ وہ تیز رفتار زندگی میں بھی اتنا وقت نکال ہی لے کہ وہ اس عہد میں لکھے گئے ایک نسبتاً طویل ناول کو پڑھنے کے لیے تیار ہو۔ اکیسویں صدی میں اردو کے جن ناول نگاروں نے اپنے ناولوں سے نہ صرف ادب میں شناخت بنائی بلکہ قارئین سے بھرپور داد وصول کی ان میں رحمان عباس – روحزِن، نورالحسنین – ایوانوں کے خوابیدہ چراغ، عبدالصمد –شکست کی آواز، ترنم ریاض – برف آشنا پرندے، شمس الرحمان فاروقی – کئی چاند تھے سر آسماں، پیغام آفاقی – پلیتہ ـمشرف عالم ذوقی – لے سانس بھی آہستہ، شائستہ فخری – نادیدہ بہاروں کے نشان، غضنفر –فسون مانجھی، شموئیل احمد – مہاماری، عمیرہ احمد، پیر کامل، خالد جاوید، موت کی کتاب وغیرہ شامل ہیں۔

اس صدی میں اپنے بھرپور بیانیہ کے ذریعے قاری کو مکمل ناول پڑھنے کے لیے اپنی توجہ مبذول کرانے والے ایک اور ناول نگار محسن خان بھی شامل ہو گئے ہیں جن کا پہلا ناول ''اللہ میاں کا کارخانہ'' ان دنوں اردو ناول اور فکشن کے باذوق قارئین کی دلچسپی کا باعث بنا ہوا ہے۔ محسن خان بنیادی طور پر بچوں کے ادیب کے طور پر جانے جاتے ہیں۔ اتر پردیش کے ملیح آباد لکھنو سے تعلق رکھتے ہیں۔ 1993ء میں ان کے افسانوں کا مجموعہ ''خواب کہانی'' شائع ہوا۔ انہوں نے بچوں کے لیے کہانیاں اور کچھ ڈرامے لکھے۔ اتر پردیش اردو اکیڈمی کے زیر اہتمام بچوں سے متعلق ان کی کہانیوں کے تین مجموعے شائع ہوئے۔ اور اکیڈمی کی جانب سے انہیں بچوں کے ادب کے لیے ایک لاکھ روپے کا مجموعی خدمات ایوارڈ بھی دیا گیا۔ ''اللہ میاں کا کارخانہ'' ان کا پہلا ناول ہے جو ایم آر پبلی کیشنز نئی دہلی کے زیر اہتمام اس سال شائع ہوا ہے۔ ناول کے بیک کور پر جناب نیر مسعود صاحب کا ایک پیغام شائع کیا گیا ہے جو 6 جنوری 1985ء کو لکھا گیا تھا جس میں نیر مسعود نے اس بات کا اظہار کیا کہ ''اردو ادب کو جن نوجوان لکھنے والوں سے آئیندہ کے لیے خوش گوار توقعات ہیں ان میں محسن خان کا نام بہت نمایاں ہے''۔ اور اس خط کے لکھے جانے کے 35 سال بعد جب ہم محسن خان کا ناول ''اللہ میاں کا کارخانہ'' پڑھتے ہیں تو جناب نیر مسعود صاحب کی بات سچ ثابت ہوتی ہے۔ عام طور پر ناول میں کسی کردار کی زندگی طویل دورانیے پر محیط بیان کی جاتی ہے لیکن محسن خان نے شمالی ہند کے ایک دیہات کے ایسے بچے کی تصویر پر مکمل ناول لکھ دیا جس نے صرف اپنے بچپن کی کچھ بہاریں اور کچھ غم و مایوسی کے سال دیکھے ہیں۔ ناول کے واقعات اور پس منظر میں پیش کردہ باتوں سے اندازہ ہوتا ہے کہ ناول بیسویں صدی کی آخری دو دہائیوں کے درمیان کے واقعات کو بیان کرتا ہے جب کہ زندگی میں کچھ ایسی تبدیلیاں واقع ہو رہی تھیں جیسے گھروں میں ٹیلی ویژن کی نئی نئی آمد تھی اور گاؤں میں کسی کے گھر ٹیلی ویژن لگ گیا تو سب لوگ اس گھر جا کر بڑی حیرت اور تعجب سے ٹیلی ویژن دیکھا کرتے تھے۔ ناول کی مقبولیت اور دلچسپی اس کا انداز بیان ہے۔ محسن خان

نے جبران نامی لڑکے کی سرگزشت پر یہ ناول لکھا ہے۔ جبران ایک روایتی دیہاتی لڑکا ہے جس کے والد ولید مولوی قسم کے تبلیغی ذہن والے فرد ہیں۔ جبران کی ایک بہن نصرت ہے جو سارے ناول میں جبران کے مقابلے میں دانش مندی کا مظاہرہ کرتی نظر آتی ہے جبران کی والدہ ناہیدہ ہیں جو ایک باہمت خاتون کے طور پر بچوں کی پرورش کرتے نظر آتی ہیں ۔ جبران ایک دینی مدرسے میں حفظ قرآن کی تعلیم حاصل کرنے کے لیے روز اپنی بہن کے ساتھ مدرسے جاتا ہے ۔مدرسے کے استاذ کو سارے ناول میں جبران حافی جی کہتا ہے جو دراصل حافظ جی مراد ہیں۔جبران فطرت کا پرستار ہے اور ہر بچے کی طرح وہ بھی بچپن کی ساری شرارتیں کرنا چاہتا ہے۔ جبران پتنگوں کا دیوانہ ہے۔ وہ جی بھر کر پتنگ اڑانا چاہتا ہے۔جبران غریب ہے۔لیکن بھرپور زندگی گزارنا چاہتا ہے۔ جبران کے روزمرہ کے بچپن کے واقعات جو ہر بچے کی زندگی کا حصہ ہوتے ہیں محسن خان نے اپنے گہرے مشاہدے دلچسپ اسلوب اور واقعاتی بیانیہ کے ساتھ اس انداز میں پیش کیے ہیں کا بیسویں صدی کی آخری دو تین دہائیوں میں اردو کے جس قاری کو بچپن گزرا ہے وہ بھی جبران کی صورت میں اپنے آپ کا بچپن محسوس کرتا ہے اور وہ محسن خان کے بیان کردہ تجربات میں اپنے آپ کو شریک محسوس کرتا ہے۔ دینی مدارس کے بچوں کے لیے جمعہ کا دن بہت اہم ہوتا ہے کیوں کہ اس دن ان کی چھٹی ہوتی ہے لیکن جبران کے لیے جمعہ کا دن ملے جلے ردعمل کا تھا اس ضمن میں محسن خان کا انداز بیان دیکھئے۔

’’جمعہ کا دن مجھے اچھا بھی لگتا تھا اور برا بھی۔ اچھا اس لیے لگتا تھا کہ اس دن مدرسے نہیں آنا پڑتا تھا اور برا اس لیے لگتا تھا کہ جمعہ کی نماز کے لیے نہانا پڑتا تھا۔ گرمیوں کی خیر کوئی بات نہیں تھی مگر جاڑوں کے دنوں میں جب جنوری اور فروی کی سردی سے بدن کانپ رہا ہوتا تھا نہانے کے خیال سے ہی پسینے چھوٹنے لگتے تھے‘‘ (ناول اللہ میاں کا کارخانہ ص۔۹)

سردیوں میں نہانے کے خیال سے پسینے چھوٹنا اظہار خیال کا انوکھا انداز ہے۔ چونکہ جبران غریب گھرانے کا لڑکا تھا اس لیے محسن خان نے اپنے مشاہدات کو اس گہرائی سے بیان کیا

ہے کہ جبران کے گھر کے ٹوٹے پھوٹے حمام سے بھی اس گھر کی جھلکتی غربت کی منظر نگاری کی گئی ہے۔ محسن خان نے اپنے ناول کا انتساب اللہ میاں کے نام کیا ہے۔ اور دوران ناول جبران کی اللہ میاں سے دلچسپ گفتگو ناول کے نام کی یاد دلاتی رہتی ہے۔ جمعہ کے دن کے بارے میں جبران مزید کہتا ہے۔

''جاڑوں میں نہاتے وقت میں سوچا کرتا کہ اللہ میاں کو تو یہ بات معلوم ہی ہوگی کہ جاڑوں کے دنوں میں بچوں کو نہاتے وقت کتنی سردی لگتی ہے تو پھر انہوں نے جمعہ کا دن سردیوں میں کیوں رکھا۔ وہ تو اسے گرمیوں میں بھی رکھ سکتے تھے''۔ (ص۔۹) اس طرح کے معصومیت بھرے خیالات سارے ناول کو دلچسپ بناتے ہیں۔ بچے فطرت پسند ہوتے ہیں اور انہیں جانوروں اور پرندوں سے پیار ہوتا ہے۔ سارے ناول میں حافی جی کی بکری کا تذکرہ ہے تو جبران کے گھر مرغیوں کا بیان بھی دلچسپ ہے۔ جبران کے گھر دو مرغیاں سفید چتکبری اور کالی کلو تھی۔ بچے ان مرغیوں کا اچھا خیال رکھتے تھے۔ لیکن ایک دن بچوں کی غفلت اور خدا کا کرنا ایسا ہوا کہ ان کی نظروں کے سامنے ایک بلی کلو کو پکڑ کر لے جاتی ہے۔ جس کا جبران اور اس کی بہن نصرت کو بہت افسوس ہوتا ہے۔ جبران اس موقع پر کہتا ہے کہ اللہ میاں نے مرغی بنائی تو بلی کیوں بنائی۔ نصرت جو کہ سارے ناول میں دانش مند دکھائی دیتی ہے جبران کے معصوم سوال پر کہتی ہے کہ معلوم نہیں کچھ سوچ کر ہی بنائی ہوگی۔ جبران رات میں خواب میں اللہ میاں سے بات کرتا ہے اور ان سے مرغی کے چلے جانے پر اپنے غم کا اظہار کرتا ہے۔ بچے جب کلو مرغی کے غم سے نہیں نکلتے تو جبران کی ماں باہر سے انڈے منگوا کر چتکبری کے لیے رکھواتی ہے کہ اس سے بچے نکلیں گے۔ بچے معصومیت سے اس دن کا انتظار کرتے ہیں جب بچے پیدا ہوتے ہیں تو قدرت کا کرنا ایسا ہوتا ہے کہ مرغی کے بچے ایک ایک کر کے مرتے جاتے ہیں اور بچوں کے غم میں اضافہ ہوتا جاتا ہے۔ گھر کے برے معاشی حالات کے دوران چتکبری بھی بیچ دی جاتی ہے اور جنہیں بیچا جاتا ہے وہ اسے کاٹ کر کھا جاتے ہیں اس مرغی کے پروں کو باہر پڑا دیکھ کر بچے غمزدہ ہو جاتے

ہیں۔ناول میں مرغی کے علاوہ چاچا کے پاس موجود کتے قطمیر کے احوال بھی خوب بیان ہوئے ہیں کہ کس طرح بچے اس کتے سے ڈرتے تھے اور بعد میں اس سے بے خوف ہونے لگے۔

دینی مدارس کے اساتذہ کے بارے میں اکثر عوام کی جو رائے ہے حافی جی بھی اسی انداز کے تھے وہ مدرسے میں پڑھنے آنے والے بچوں سے اپنی خدمت کرواتے تھے اس کے لیے محسن خان نے لکھا کہ ''چلو بھئی اللہ میاں کو خوش کرنے کے لیے آجاؤ۔(حافی جی نے ہم لوگوں کو بتایا کہ تھا کہ والدین اور استاد کی خدمت کرنے سے اللہ میاں خوش ہوتے ہیں۔'') محسن خان نے بچوں سے سوالات کراتے ہوئے سارے ناول میں بہت سی اسلامی تعلیمات بھی فراہم کی ہیں۔حافی جی کی خدمت کرتے ہوئے ایک لڑکی نسرین ان سے اللہ میاں کے بارے میں اور دنیا کی تخلیق کے بارے میں مختلف سوالات کرتی ہے اور حافی جی اللہ میاں کو خوش کرانے والے کام کے دوران بچوں کو اللہ میاں کے بارے میں بتاتے جاتے ہیں۔ناول میں جا بجا جبران کی شرارتوں کو دلچسپ انداز میں بیان کیا گیا ہے۔جبران حافی جی کے لیے سرتی اور ہاضمولہ لانے جاتا ہے وہ ان کی چونی واپس نہیں کرتا اور وہ چونی چور کے نام سے مشہور ہو جاتا ہے۔اس واقعہ پر حافی جی اسے جو سزا دیتے ہیں اس کا دلچسپ انداز میں بیان ہوا ہے۔جبران کو کچھ پیسے ملتے ہیں تو وہ ان سے پتنگ خریدتا ہے۔نصرت کو اس کے چچا دنیا کے عظیم لوگ کتاب پڑھنے کے لیے دیتے ہیں ناول میں اس کتاب کے مطالعے اور جبران کے کھیلوں کا جا بجا تذکرہ ہے۔کہا جاتا ہے کہ دینی مدارس کے بچوں کے پیچھے شیطان کچھ زیادہ ہی حاوی رہتا ہے جبران ایک دن مدرسہ جانے کے بجائے اپنے دوست کے بہکاوے میں آ کر نٹ کا کھیل دیکھنے چلا جاتا ہے محسن خان نے مداری اور نٹ کے کھیل کے دوران جو منظر نگاری کی ہے وہ ہر انسان کے بچپن کا حصہ ہے۔بچپن کی شرارتوں میں گدھے کے پیچھے لوہے کا ڈبا باندھ کر اسے بھگانا بھی مشہور ہے۔جبران اور اس کے ساتھی ایک مرتبہ یہ حرکت کرتے ہیں جس پر دوسرے دن حافی جی اس سے شدید غصے کا اظہار کرتے ہیں۔

ناول ''اللہ میاں کا کارخانہ میں آدھا حصہ جبران اور اس کے ساتھیوں کی شرارتوں اور بچوں کی نفسیات کے بیان اور درمیان میں ناول نگار کی جانب سے ان کے جذبات کی عکاسی اور فطرت کے بیان پر مشتمل ہے۔ جبران اور اس کے گھر پر اس وقت برے دن آنا شروع ہوتے ہیں جب جبران کے والد تبلیغ کے لیے گھر سے جاتے ہیں اور کافی عرصہ بعد بھی واپس نہیں آتے اور ان کے بارے میں اطلاع دی جاتی ہے کہ انہیں دہشت گردوں سے تعاون کے ضمن میں پولس نے گرفتار کرلیا ہے۔ محسن خان نے اس ناول کے پلاٹ اور واقعات کو عصر حاضر سے جوڑنے کے لیے ہندوستان اور عالمی سطح پر مسلمانوں پر ہورہے مظالم کی جانب بھی اشارہ کیا ہے۔ جبران کی والدہ حاملہ تھیں اور اکثر پیٹ کے درد کے عارضے میں مبتلا رہتی تھیں۔ معاشی تنگی میں جب رمضان کے دن شروع ہوتے ہیں تو چاچا ان کی ہر لحاظ سے مدد کرتے ہیں۔ کچھ دن اپنے شوہر کے انتظار میں اور گھر کی معیشت کو سنبھالتے سنبھالتے جبران کی ماں زندگی کی بازی ہار جاتی ہیں۔ جبران کے چاچا بچوں پر رحم کرتے ہیں انہیں اپنے گھر لے جاتے ہیں۔ کچھ عرصہ بعد چاچا بھی اللہ کو پیارے ہوجاتے ہیں۔ چاچی ان یتیم بچوں کی پرورش کرتی ہے۔ چاچا کے گھر میں رہتے ہوئے معصوم جبران اپنے جیب میں ایک عریاں خاتون کی تصویر رکھنے کے جرم میں چاچی کی جانب سے گھر سے نکال دیا جاتا ہے۔ جبران حافی جی کی صحبت میں رہنے لگتا ہے جس کی ذمہ داری ان کی بکری کو چرانا ہے۔ جبران قبرستان لے جاکر روز بکری چراتا تھا اور اپنی ماں کی قبر پر کتبہ لگا کر ماں سے محبت کا اظہار کرتا ہے۔ وقت کے بہاؤ کے ساتھ حافی جی کہتے ہیں کہ وہ گاؤں چھوڑ کر جارہے ہیں بقرعید کے موقع پر وہ بکری قربان کردی جاتی ہے جس کا ذکر سارے ناول میں ہے کہ کس طرح وہ روز چارے کی کمی سے آوازیں نکالتی رہتی تھی اور جبران اس بکری کو چرانے کے لیے روز اسے قبرستان لے جاتا تھا۔ جس دن حافی جی جبران کو چھوڑ کر جانے والے تھے اس دن جبران کو کافی بخار رہتا ہے۔ نیند میں وہ خواب دیکھتا ہے کہ ماں اس سے کہہ رہی ہے'' جبران تم کو تو بہت تیز بخار ہے۔ یہاں اکیلے ہو۔ اٹھو میرے ساتھ چلو۔ وہاں چچا جان اور قطمیر بھی

تمہارا انتظار کر رہے ہیں۔ رات بہت ہو چکی ہے۔ چراغ کی روشنی بھی کم ہو رہی ہے۔ شائد تیل ختم ہو رہا ہے۔ جبران کی زندگی کے اس المیے کے بیان کے ساتھ ایک غمزدہ ماحول میں ناول کا اختتام عمل میں آتا ہے۔

ناول ''اللہ میاں کا کارخانہ'' میں صفحات کے درمیان فکر انگیز بیانات شامل کیے گئے ہیں جس سے ناول کا انداز واعظانہ ہو جاتا ہے۔ ناول کے آخر میں لکھا گیا ہے کہ ''تم چاہے جتنی کوششیں کرلو ہو گا وہی جو اللہ میاں چاہیں گے''۔ ناول میں جگہ جگہ فطری انداز بیان اور ناول نگار کی گہری جزئیات نگاری کی مثالیں ملتی ہیں۔ جبران کے خواب و خیال میں پتنگ ہی ہوتی تھی اور پڑھتے پڑھتے وہ پتنگ اڑانے اور انہیں لوٹنے کی ترکیبیں سوچا کرتا تھا۔ حافی جی نے بچوں کو سزا دینے کے لیے جو چھڑی رکھی تھی اس کا نام عبرت کی چھڑی تھا۔ ایک دفعہ غلط سبق سنایا تو حافی جی جبران سے کہتے ہیں'' لگتا ہے تمہارے دماغ کا پٹرول ختم ہو گیا ہے ڈالنا پڑے گا اور عبرت کی چھڑی اٹھا کر سٹاک سے میری جانگھ پر ماری۔ اس کے بعد پھر وہی سبق دہرا کے کہا اگر اب کے یاد نہ کیا تو دماغ کے پرزے کھول کر اوور ہالنگ بھی کر دوں گا۔ بے شرم لومڑ ہو چکے ہو اور ابھی تک پانچویں سپارے میں اٹکے ہوئے ہو تم کو تو اب تک قرآن حفظ کر لینا چاہئے تھا''۔(ص ۳۵)۔ نصرت کے چاچا جب اسے دنیا کے عظیم لوگ نامی کتاب پڑھنے دیتے ہیں تو نصرت کے والد ولید جو تبلیغی ذہن کے حامل تھے اور دنیا داری کے مقابلے میں دین داری کو ترجیح دیتے تھے وہ بچوں سے کہتے ہیں کہ اس کتاب میں ان لوگوں کی باتیں لکھی ہوئی ہیں جنہوں نے ہوائی جہاز، ریل موٹر، ٹی وی اور بہت سی چیزیں بنائی ہیں۔ اس کے بعد وہ بچوں کو'' مرنے کے بعد کیا ہوگا'' نامی کتاب دیتے ہیں اور کہتے ہیں اس کے پڑھنے سے تمہارے دلوں میں اللہ کا خوف پیدا ہوگا اور کبھی کوئی برا کام نہیں کرو گے۔ جبران تو کتابوں سے دور بھاگتا تھا نصرت بھی وہ کتاب تکیے کے نیچے رکھ دیتی ہے اس طرح محسن خان نے واضح کیا کہ بچوں کو ان کی فطرت کی مناسبت سے تربیت کا سامان فراہم کرنا چاہئے۔ ناول میں قدامت پرستی اور جدت پرستی کا تقابل دکھایا گیا

ہے کہ ولید کے گھر میں قدامت پرستانہ ماحول تھا تو اس کے بھائی یعنی بچوں کے چاچا کے گھر میں ٹیلی ویژن فریج اور کتا سب کچھ تھا۔ جس کا کوئی نہیں اس کا تو خدا ہوتا ہے کہ مصداق ناول میں محسن خان نے فطری انداز میں بیان کیا کہ ولید کے تبلیغی دورے پر جانے اور پولس کی جانب سے گرفتاری کے بعد مصیبت کے مارے اس گھرانے کی مدد کے لیے خالہ چاچا چاچی اور گاؤں والے سامنے آتے ہیں۔ ناول کے ابتدائی حصے میں جبران حافی جی کی سختیوں کا شکار ہوتا ہے لیکن جب وہ یتیمی کے داغ کا دھبہ لیے چاچی کی جانب سے گھر سے نکال دیا جاتا ہے تو حافی جی ایک سرپرست کی طرح اسے آسرا دیتے ہیں اس کے کھانے اور تربیت کا اہتمام کرتے ہیں اسے سائیکل چلانا سکھاتے ہیں اور زندگی کے سفر میں اسے آگے بڑھنے کے گُر سکھاتے جاتے ہیں۔

ناول ''اللہ میاں کا کارخانہ'' جبران کی شکل میں ہر اس بچے کا المیہ ہے جو اپنا بچپن بھرپور طور پر نہیں جی سکا اور اس کے ذہن میں یہ بات بٹھادی جاتی ہے کہ یہ دنیا اللہ میاں کا بنایا ہوا کارخانہ ہے جس میں وہی ہوتا ہے جو اللہ میاں چاہتے ہیں۔ لیکن جبران جیسا معصوم بچہ جب اپنی خواہشات کے خلاف چیزوں کو ہوتے دیکھتا ہے تو وہ اللہ میاں سے شکوہ کرتا ہے کہ ایسا کیوں ہوا ایسا کیوں نہیں۔ جبران کی معصومیت' زندگی کا جبر' متوسط مسلم گھرانے کی تگ ودو' ولید کی شکل میں اللہ پر بھروسے اللہ کی راہ میں نکل پڑنا اور گرفتاری کی شکل میں اللہ کے امتحان میں پڑ جانا' حافی جی جیسے کردار جو بچوں کو نہ دین دار بناتے ہیں اور نا دنیا دار اور ان کی زندگی یوں ہی بے معنی رہ جاتی ہے۔ جبران' نصرت' نسرین اور دیگر بچوں کی معصومیتیں' گاؤں والوں کا اپنا اپنا رویہ یہ سب ناول کا حصہ ہیں اور کہیں بھی نہیں لگتا کہ کوئی چیز غیر ضروری ہے۔ محسن خان کے بیان میں ایک قسم کا لوچ ہے وہ قاری کو اپنے اسلوب اور ناول کے واقعات کی جذباتیت سے باندھ کر رکھتے ہیں۔ ایک چالیس پچاس سالہ شخص جب اس ناول کو پڑھتا ہے تو اسے اپنا بچپن اپنی آنکھوں کے سامنے نظر آتا ہے۔ محسن خان نے بچوں کی فطرت اوران کے مشاہدے کو باریک بینی سے بیان کیا ہے کہ بچے کس طرح سوچتے ہیں ان کے معصوم سوال کیسے ہوتے ہیں اور بڑے کیسے ان پر ردعمل

ظاہر کرتے ہیں۔ ناول میں خوبصورت تشبیہات، واقعات کا برملا بیان اور زندگی کا دھیما پن ناول کو قاری کے لیے دلچسپ بناتا ہے۔ چونکہ ناول کا انجام زندگی کے المیہ پر ہوتا ہے اس لیے یہ ناول جبران کی طرح قاری کو بھی غمزدہ کرتا ہے اور اس کا اثر دیرپا رہتا ہے۔ اردو ناول کے اس نئے دور میں جب کہ اچھے ناول نگاروں کے منتخب ناول ہی اپنے معیار کے سبب پڑھے جا رہے ہیں اور ناول کی تاریخ کا حصہ بن رہے ہیں محسن خان کا یہ ناول ''اللہ میاں کا کارخانہ'' ایک شاندار اضافہ ہے۔ ناول میں پلاٹ کے اعتبار سے جھول کم ہے۔ زندگی کی ترقی کو ٹیلی فون، ٹیلی ویژن اور دیگر مادی ترقی سے واضح کیا گیا ہے۔ اس ناول میں جبران نامی بچے کا حال بیان کیا گیا ہے لیکن یہ کسی بھی لحاظ سے بچوں کا ناول نہیں ہے کیوں کہ دو سو صفحات پر مبنی یہ بیان بڑے ہی پڑھ سکتے ہیں لیکن اگر کوئی والدین بچوں کی دلچسپی کے لیے اس ناول کے ابتدائی حصے بچوں کو پڑھ کر سنائیں تو ان کے لیے کچھ دلچسپی کا باعث ہوسکتا ہے۔ اردو ادب کے وہ قاری جو عشق، دولت، حرص و لالچ، عیاری، مکاری اور دیگر ظاہری باتوں پر مبنی افسانے اور ناول پڑھنے سے اکتا گئے ہوں تو ایک صاف ستھری زندگی سے قریب تحریر پڑھنا چاہیں تو ان کے لیے یہ ناول ایک قیمتی تحفہ سے کم نہ ہوگا۔ اس ناول کے جب سے سوشل میڈیا پر چرچے ہوئے ہیں احباب کی فرمائش پر ناول نگار نے بہ طور تحفہ یہ ناول انہیں مطالعے کے لیے فراہم کیا ہے۔ میں بھی محسن خان کا مشکور ہوں کہ میری فرمائش پر انہوں نے یہ ناول مجھے فراہم کیا اور اردو ادب کے قارئین کے لیے یہ بات باعث حیرت ہونی چاہیے کہ میں نے یہ ناول ایک ہی شام سات سے آٹھ گھنٹوں میں پڑھ لیا اور بعد میں بھی اس کے صفحات کی ورق گردانی کرتا رہتا ہوں۔ ناول کے حصول کے خواہش مند قاری اس ناول کو ایم آر پبلی کیشنز نئی دہلی اور ناول نگار محسن خان سے فون نمبرات 9335453034-9005485077 سے حاصل کر سکتے ہیں۔

نام کتاب : بچوں کے حالی

مصنف : سید تقی عابدی

ڈاکٹر سید تقی عابدی اردو ادب کے عالمی منظر نامے پر ایک جانا پہچانا نام ہے۔ وہ بر صغیر، یورپ امریکہ اور کناڈا میں اردو کے نامور محقق، ماہر اقبالیات، غالب، فیض و انیس کے طور پر جانے جاتے ہیں۔ ڈاکٹر سید تقی عابدی پیشے سے طبیب ہیں لیکن اکثر اپنے خطابات میں اپنے آپ کو مریض اردو قرار دیتے ہیں۔ پیشہ وارانہ سرگرمیوں کے لحاظ سے کناڈا میں مقیم ہیں لیکن اپنے ادبی ذوق کی تکمیل کے لیے سال میں ایک یا دو مرتبہ برصغیر کا دورہ کرتے ہیں۔ حیدر آباد، دہلی ، لکھنوٗ، لاہور کراچی وغیرہ میں مختلف ادبی اجلاسوں میں شرکت کرتے ہیں۔ اور اپنے تحقیقی مطالعے سے ادب کے چاہنے والوں کو مستفید کرتے جاتے ہیں۔ خطابت کے علاوہ تصنیف و تالیف بھی ان کا اہم مشغلہ ہے۔ فیض، اقبال، انیس اور حالی پر ان کی کئی شاہکار کتابیں سامنے آئی ہیں۔ دوران تحقیق وہ آئے دن اردو ادب کے ذخیرے سے بیش قیمت جواہر تلاش کر کے نکال لاتے ہیں اور اپنے منفرد انداز تحقیق سے اسے ادب کے چاہنے والوں کے لیے پیش کرتے ہیں۔ بچوں کے ادب کے ضمن میں ان کی ایک تحقیقی کتاب ''بچوں کے حالی'' کے عنوان سے حالی کی صد سالہ برسی کے موقع پر 2014ء میں بک کارنر جہلم پاکستان سے شائع ہوئی ہے۔ اس کتاب میں انہوں نے حالی کے احوال، بچوں کے ادب کی اہمیت، بچوں کے لیے حالی کی شاعری اور ان کی نظموں کا انتخاب پیش کیا ہے۔ کتاب کے مشمولات میں عکس حالی کے تحت حالی کی تصویر، عکس تحریر مولانا حالی کے تحت حالی کی تحریر کا عکس، پیش لفظ سید تقی عابدی، حالی کی کہانی حالی کی زبانی مولانا حالی، مولانا حالی کی حیات اور شخصیت، بچوں کی نظموں پر ایک نظر کے تحت ڈاکٹر سید تقی

عابدی کے دو مضامین شامل ہیں۔ کتاب کے دوسرے حصے میں بچوں کی نظمیں گوشے کے تحت حالی کی نظمیں خدا کی شان، بڑوں کا حکم مانو،مرغی اور اس کے بچے،بلی اور چوہا،شیر کا شکار،پیشے، گھڑیاں اور گھنٹے، دھان بونا، روٹی کیوں کرمیسر آتی ہے، موچی، چھٹی رساں، سپاہی،ایک چھوٹی بچی کے خصائل، نیک بنو نیکی پھیلاؤ شامل ہیں۔ حالی کی یہ نظمیں جواہرات حالی کتاب سے لی گئی ہیں جو مثنوی، مسدس اور قطعہ کی ہئیت میں لکھی گئی تھیں۔

ڈاکٹر سید تقی عابدی کی یہ تصنیف ''بچوں کے حالی'' بچوں کے ادب میں ایک اہم اضافہ ہے۔ کیوں کہ حالی نے ادب برائے زندگی کے تحت جو ادب کے افادی پہلو کا نظریہ پیش کیا تھا اس کے ضمن میں بچوں کی تربیت کے لیے ان کی لکھی گئی نظموں کو الگ سے شائع کرنا اور بچوں کے لئے پیش کرنا بھی ڈاکٹر سید تقی عابدی کا ایک اہم کارنامہ ہے۔ چونکہ ڈاکٹر سید تقی عابدی ایک بلند پایہ محقق ہیں اس لیے انہوں نے بچوں کے لیے لکھی گئی کتاب میں حالی کی حیات پر بھی مفصل روشنی ڈالی ہے۔ تاکہ مستقبل میں جب بھی حالی پر کوئی تحقیق ہو تو آنے والے محققین کے لیے حالی سے متعلق معلومات مستند طور پر دستیاب ہوں۔ کتاب کے پیش لفظ میں ڈاکٹر سید تقی عابدی نے حالی کے کلام کے انتخاب میں تحقیقی مراحل کو بیان کیا ہے۔ حالی کی نظموں کے مواد کے بارے میں حالی کے حوالے سے ڈاکٹر سید تقی عابدی لکھتے ہیں کہ:

حالی نے یہ بھی بتایا کہ انسان میں یہ طاقت نہیں کہ وہ کسی چیز کو عدم سے وجود میں لا سکے۔ نئے خیالات سے مراد وہی عام خیالات ہیں جن کو شاعروں نے ترک کر دیا تھا اور معمولی خیالات سمجھ کر چھوڑ دیا تھا۔ جب کہ انہی خیالات میں زندگی کے راز چھپے ہوئے ہیں۔ اس کے علاوہ نظموں میں اسلاف کے اقوال و واقعات اور حکایات کو بھی بیان کیا گیا ہے۔'' (پیش لفظ)

''بچوں کے حالی'' کتاب کے آغاز میں ڈاکٹر سید تقی عابدی نے حالی کی کہانی حالی کی زبانی شامل کی ہے جس میں حالی کی جانب سے اپنی سوانح کا بیان ہوا ہے۔ اس کے بعد ڈاکٹر سید تقی عابدی نے حالی کی مکمل اور مفصل سوانح مختلف سرخیوں کے تحت پیش کی ہے۔ جس میں ان

کے حالات زندگی اور تصانیف کا ذکر کیا ہے۔ حالی پر تحقیق کرنے والوں کے لیے یہ مواد کافی معاون ثابت ہوسکتا ہے۔ حیدرآباد میں حالی کو وظیفہ مقرر کیئے جانے کے ضمن میں ڈاکٹر سید تقی عابدی نے حالی کے حوالے سے ایک واقعہ لکھا ہے:

''جب حیدرآباد کے نواب سر آسمان جاہ نے حالی کی شعری اور ادبی کاوشوں سے متاثر ہوکر انہیں ماہانہ وظیفہ دینے کا فیصلہ کیا تو سرسید نے پوچھا آپ کو گزر بسر کرنے کے لیے کتنا وظیفہ چاہئے۔ حالی نے جواب دیا۔ مجھے اینگلو عربک اسکول سے جو ساٹھ روپے ماہوار ملتے ہیں تو حیدرآباد کے سکہ رائج الوقت کے پچھتر روپے ہوتے ہیں۔ یہی میری زندگی بسر کرنے کے لیے کافی ہے(بچوں کے حالی ص ۵۶)اس واقعہ سے اندازہ ہوتا ہے کہ حالی سادگی اور قناعت پسند تھے۔ ڈاکٹر سید تقی عابدی نے لکھا کہ حالی نے اپنی تخلیقات سے فائدہ نہیں اٹھایا۔ سوائے ایک کتاب کے دیگر کتابوں پر پبلیشرز اشاعت کے بعد مالی فائدہ اٹھا لیتے تھے۔ حالی کے بارے میں تفصیلات فراہم کرنے کے بعد مصنف کتاب ڈاکٹر سید تقی عابدی نے بچوں کی نظموں پر ایک نظر کے عنوان سے بچوں کے ادب کی افادیت پر روشنی ڈالی ہے۔ بچوں کے ادب کی کمی کا شکوہ کرنے کے بعد انہوں نے بچوں کے ادب کی خصوصیات کو ان الفاظ میں بیان کیا ہے:

'' بچوں کے ادب کی زبان سیدھی سادی، سلیس و شگفتہ ور پیچیدہ تشبیہات اور استعارات سے پاک ہونی چاہئے۔ ایسی عدق اور مشکل بھی نہ ہو کہ جس سے سمجھنے میں میں دقت پیش آئے۔ ان کے علاوہ اگر ادب میں بچکانہ پن نہ ہو تو وہ صحیح معنوں میں بچوں کا ادب نہیں کہلائے گا۔ یعنی شعر و ادب میں بچوں کے سن و سال سے ہم آہنگ ہو اور طرز بیان کچھ ایسا ہو جو بچوں کی نفسیات اور جذبات سے میل کھاتا ہو جس کی وجہ سے بچوں کا کامیاب ادیب و شاعر خود اس تخلیق کے وقت بچہ بن جاتا ہے۔'' (ص ۷۶ ۔ ۷۷)

بچوں کے ادب کی خصوصیات بیان کرنے کے بعد ڈاکٹر سید تقی عابدی نے اردو میں بچوں کے ادب کی روایت بیان کی اور نظیر، اسماعیل میرٹھی اقبال وغیرہ کے نظم نگاری کی مثالیں پیش کیں۔ بچوں

کے لیے حالی کی جانب سے لکھی گئی نظموں کا ذکر کرتے ہوئے ڈاکٹر سید تقی عابدی لکھتے ہیں کہ:

''حالی نے بچوں کے لیے چھوٹی چھوٹی چودہ نظمیں لکھی ہیں۔ یہ نظمیں حالی کی زندگی کے آخری دور کی نشانیاں ہیں۔ حالی نے ان نظموں کے لیے مربع، مخمس، مسدس اور مثنوی کی ہئیت استعمال کی ہے۔ حالی کی ان نظموں کا ماخذ جواہرات حالی ہے صرف نظم نیک بنو نیکی پھیلاؤ مجموعہ نظم بچوں کا اخبار لاہور سے لی گئی ہے۔ حالی کی نظموں کی یہ تعداد صحیح نہیں ہے۔ اگر تلاش اور تحقیق کی جائے تو مزید نظموں کے ملنے کا امکان ہے۔ سب سے بڑی نظم مثنوی ''پیشے'' کے عنوان سے لکھی اور سب سے چھوٹی نظم قطعہ ''بلی اور چوہا'' چھ شعر کا لکھا۔ حالی کی ان نظموں میں بیانیہ انداز ہلکے پھلکے مگر دلچسپ موضوعات، تفریحی اور معلوماتی اشعار جو آسانی سے بچوں کو یاد ہو جائیں نظر آتے ہیں۔ ان نظموں میں حالی نے بچوں کی نفسیات کا خاص خیال رکھا ہے۔ اسے سمجھنے کے لیے پڑھنے والے کو بچہ بن کر پڑھنا پڑے گا۔ ورنہ وہ اس کے لطف و مزے سے فائدہ اٹھا نہیں سکے گا۔ حالی نے کسی حد تک بچوں کی نظموں میں اسماعیل میرٹھی کی نظموں کی تقلید کی ہے۔ اگر چہ وہ اس سطح تک پہنچ نہ سکے''۔ (ص ۷۸۔۷۹)

حالی کی نظم نگاری کی خصوصیات بیان کرنے کے بعد ڈاکٹر سید تقی عابدی نے معنوی اعتبار سے بچوں کے لیے لکھی گئی حالی کی نظموں کا تجزیہ پیش کیا ہے۔ مسدس حالی میں موجود نعتیہ اشعار وہ نبیوں میں رحمت لقب پانے والا کے ضمن میں ڈاکٹر سید تقی عابدی لکھتے ہیں:

''حالی نے اپنے کلام میں جابجا عشق رسول ﷺ کو ظاہر کیا ہے۔ وہ سیرت رسول ﷺ کو شریعت کا لازم جانتے تھے۔ وہ حضور ﷺ کی تعلیمات، اخلاقیات، حقوق انسانی کی حفاظت، حریت اور حضور ﷺ کی اور ان کی اولاد کی محبت کو جز و ایمان مانتے تھے۔ اور یہ محبت کا بیج و بچپن سے دل میں بونا چاہتے تھے تا کہ وہ آگے چل کر عشق محمدی ﷺ کا توانا درخت بن جائے''۔ (ص ۔۹۲)

ڈاکٹر سید تقی عابدی حالی کی نظم ''گھڑیاں اور گھنٹے'' کے ضمن میں لکھتے ہیں:

''حالی کی بچوں کی نظموں میں سب سے نسبتاً مشکل نظم گھڑیاں اور گھنٹے کے عنوان سے مسدس کی شکل میں چوبیس اشعار کی نظم ہے جس کا محور وقت ہے۔ یعنی گھڑیاں جو وقت بتانے کا آلہ ہیں وہ دن رات کام کرتی رہتی ہیں۔ انہیں دن رات گرما ہو یا سرما اوپر نیچے امیر غریب بلندی پستی شاہ و گدا سب کے پاس ایک ہی حالت میں مسلسل چلتی رہتی ہیں۔ تھکن اور آرام ان کے لیے موت ہے۔ چنانچہ انسان کو بھی نہیں رکنا چاہئے بلکہ زندگی کا سفر ہر طرح اور ہر طریقے سے جاری و ساری رہے۔

دوپہر ہو یا رات ہو صبح ہو یا شام   جب دیکھئے چلنے سے سدا اپنے انہیں کام
دیتے ہیں سنو غور سے ہر دم یہ دہائی   لو وقت چلا ہاتھ سے کچھ کر لو کمائی

(ص ۔ ۸۸)

بچوں کے لیے لکھی گئی حالی کی نظموں کے پیغام کو اجاگر کرتے ہوئے ڈاکٹر سید تقی عابدی لکھتے ہیں :

''حالی کے تمام تر کلام کا مطالعہ ہمیں یہ بھی بتاتا ہے کہ ان کی شاعری کا ایک اہم مقصد بچوں اور نئی نسل کے نوجوانوں میں تعلیم و تربیت کا شوق محنت اور کوشش کی عادت، شرافت اور انسانیت کی نمو، اخلاق و کردار سازی کے ساتھ ساتھ وقت کی قدر ہمت و استقلال کا جذبہ پیدا کرنا تھا۔ وہ جانتے تھے بزرگوں پر اخلاقی فرض ہے کہ وہ بچوں کی راہنمائی کریں۔ اور اکثر لوگ غفلت برتتے تھے چنانچہ خود انہوں نے سیدھی سادہ زبان میں میٹھے میٹھے انداز میں ان قدروں کو اپنی نظموں میں ایسا پیش کیا کہ جو فوری دل نشین ہوگئے۔۔۔ حالی قصے کہانی کے ذریعے بچوں اور نوجوانوں میں نیکی، ہمدردی اور مدد کے جذبہ ابھارتے ہیں۔ کہیں یہ بتاتے ہیں کہ ایک چھوٹا سا چراغ جو راستے پر بڑھیا نے رکھا ہے وہ محلوں کے ان فانوسوں اور برقی جھاڑوں سے بہتر ہے کیوں کہ یہ مٹی کا چراغ کئی لوگوں کا مونس اور مددگار رہے۔ دراصل یہی وہ چراغ ہیں جن کی معنوی روشنی افلاک تک پھیلی ہوئی ہے،،(ص۔۹۱)

حالی کی نظموں کے جائزے کے بعد کتاب ''بچوں کے حالی'' میں منتخب نظمیں شامل کی گئی ہیں۔اس مجموعے سب سے پہلی نظم جو شامل کی گئی ہے اس کا عنوان ''خدا کی شان'' ہے۔ یہ نظم اکثر بچوں کی اردو نصابی کتابوں میں شامل کی گئی ہے نظم کا پہلا شعر یوں ہے :

اے زمین آسمان کے مالک   ساری دنیا جہان کے مالک

اسی طرح ایک نظم نیک بنو نیکی پھیلاؤ کا بند اس طرح ہے :

سچ بولو سچے کہلاؤ   سچ کی سب کو ریس دلاؤ

جب اوروں کو راہ بتاؤ   خود رستے پر تم آ جاؤ

قوم کو اچھے کام دکھاؤ

نیک بنو نیکی پھیلاؤ

اس طرح حالی کی بچوں کے لیے لکھی گئی نظموں کے انتخاب پر مبنی یہ کتاب ''بچوں کے حالی'' بچوں کے ادب میں ہم اضافہ تصور کی جائے گی۔ اس کتاب کی خاص بات یہی ہے کہ اس میں ایک طرف حالی کا بھرپور تعارف ملتا ہے تو دوسری جانب حالی کا تعارف بہ حیثیت بچوں کے شاعر کے طور پر بھی سامنے آتا ہے۔ پھر ڈاکٹر سید تقی عابدی اپنی مخصوص تحقیقی نظر سے حالی کی نظموں کا جائزہ لیتے ہیں اور ان میں بچوں کی تعلیم و تربیت کے پہلوؤں کو اجاگر کرتے ہیں۔ بچوں کی نظموں کا یہ انتخاب ضرور بچوں کے لیے اردو کی نصابی کتابوں کا حصہ ہونا چاہئے ایک ایسے دور میں جب کہ بچے کتاب سے دور ہوتے جا رہے ہیں اور ان کی تربیت کا کوئی سامان نظر نہیں آتا بچوں کے لکھی گئی حالی کی یہ نظمیں ان کی تربیت کا سامان کریں گی۔ ان کے ذوق کو تسکین فراہم کریں گی۔ اور حالی کا تعارف بچوں کے شاعر کے طور پر بھی سامنے آئے گا۔ اس کتاب کی اشاعت کے لیے مصنف ڈاکٹر سید تقی عابدی قابل مبارکباد ہیں امید کی جاتی ہے کہ وہ اردو ادب کا دامن ایسی ہی اہم کتابوں کی اشاعت کے ذریعے وسیع کرتے جائیں گے۔

نام کتاب : ابراہیم جلیس: شخصیت اور فن

مصنف : رحمت یوسف زئی

حیدرآباد دکن میں اردو کی خدمت کے حوالے سے تین بھائی ابراہیم جلیس، محبوب حسین جگراور مجتبیٰ حسین مشہور ہوئے ہیں۔محبوب حسین جگر نے روزنامہ سیاست کی نصف صدی تک خدمات انجام دیں اور بہ حیثیت صحافی وہ مشہور ہوئے۔مجتبیٰ حسین اردو طنز ومزاح کے قطب مینار کے طور پر جانے جاتے ہیں جن کی مزاح نگاری اور کالم نگاری کا سلسلہ آج بھی جاری ہے۔ ان دو بھائیوں کے تیسرے بھائی ابراہیم جلیس تھے جن کی تصانیف چالیس کروڑ بھکاری (افسانوں کا مجموعہ) دو ملک ایک کہانی (رپورتاژ) اور جیل کے دن جیل کی راتیں (رپورتاژ) کے سبب وہ برصغیر کے ادبی حلقوں میں کافی مقبول رہے۔محبوب حسین جگراور مجتبیٰ حسین ہندوستان میں ہی رہے لیکن ابراہیم جلیس تقسیم ہند کے بعد پاکستان چلے گئے تھے لیکن رائچور، گلبرگہ، حیدرآباد، بمبئی اور پاکستان میں ان کے قیام نے انہیں اردو کی بین الاقوامی شخصیت بنادیا۔ ابراہیم جلیس پر چیدہ چیدہ مضامین اور کتابیں لکھی گئیں لیکن ان کی حیات اور ادبی کارناموں پر کوئی مبسوط کام نہیں ہوا تھا۔ اردو کے تین بھائیوں سے اہم اس تیسرے بھائی کی حیات اور ادبی کارناموں پر ایک مفصل کتاب ''ابراہیم جلیس: شخصیت اور فن'' کے عنوان سے ان دنوں منظر عام پر آئی ہے جس کے مصنف شعبہ اردو یونیورسٹی آف حیدرآباد کے سابق پروفیسر و صدر شعبہ اردو رحمت یوسف زئی صاحب ہیں۔جنہیں اردو کے نامور اساتذہ پروفیسر گیان چند جین اور پروفیسر مجاور حسین رضوی سے اکتساب کا موقع ملا تھا۔ پروفیسر رحمت یوسف زئی صاحب نے پروفیسر گیان چند جین کے دور صدارت میں اردو کے نامور ناول نگار ابن سعید یعنی پروفیسر

مجاور حسین رضوی کے زیر نگرانی ابراہیم جلیس کے فن اور شخصیت پر ایم فل کا مقالہ 1983ء میں لکھا جو تقریباً 36 سال بعد زیور طباعت سے آراستہ ہو کر شائع ہوا ہے۔ پروفیسر رحمت یوسف زئی کا علمی سفر بھی قابل داد رہا۔ انہوں نے سول انجینئرنگ میں ڈپلوما اور کمپیوٹر سائنس میں ماسٹرس کرنے اور ایک کمپنی میں تکنیکی ملازمت کرنے کے باوجود اردو ادب سے اپنے ذوق کی بناء اورینٹل کالج سے ڈپ او ایل، بی اے اور ایم او ایل عثمانیہ سے کرنے کے بعد یونیورسٹی آف حیدرآباد سے ایم اے ایم فل اور پی ایچ ڈی کی ڈگری حاصل کی۔ 1987ء میں انہوں نے ''اردو شاعری میں صنائع و بدائع'' موضوع پر پی ایچ ڈی کی تکمیل کی۔ اسی یونیورسٹی میں اردو لیکچرر مقرر ہوئے اور 1985ء تا 2003ء تک خدمات انجام دیں اور پروفیسر اور صدر شعبہ اردو رہے۔ ان کی تحقیق وتنقید اور شاعری میں کئی کتابیں شائع ہوئیں۔ اردو اکیڈیمی کے تحت پہلے کمپیوٹر کورس کے ڈائرکٹر رہے شعبہ اردو میں اردو کمپیوٹر لیب قائم کیا۔ کمپیوٹر کی بورڈ کی تشکیل اور مشینی ترجمے پر ان کا گراں قدر کام رہا ہے وہ ایک اچھے شاعر بھی ہیں۔ پروفیسر رحمت یوسف زئی نے ابراہیم جلیس پر اپنی تحقیقی کتاب کو کافی عرصے بعد شایع کیا لیکن موضوع کی اہمیت کی بناء ان کی یہ کتاب ادبی حلقوں میں مقبول ہونے لگی۔ کتاب کا دیباچہ ابراہیم جلیس کے بھائی مجتبیٰ حسین نے لکھا جس میں انہوں نے اعتراف کیا کہ '' رحمت یوسف زئی نے اس کام کو انجام دے کر ہمارے خاندان پر جو احسان کیا ہے اسے میں کبھی فراموش نہیں کرسکوں گا۔ کیوں کہ ابراہیم جلیس کے بارے میں بھاری بھر کم مواد ہمارے پاس موجود نہیں ہے۔ اس کی وجہہ یہ ہے کہ خود ابراہیم جلیس نے بڑی رواداری اور آپا دھاپی میں زندگی گزاری۔۔ جب میں ۸۷ سال کا ہو چکا ہوں مجھ سے بطور پیش لفظ کچھ سطریں لکھوا کر اپنا مقالہ شائع کر رہے ہیں اس کے لیے میں ان کا تہہ دل سے ممنون ہوں''۔ حرف اول کے عنوان سے صاحب کتاب پروفیسر رحمت یوسف زئی نے اس کتاب کی وجہہ اشاعت بیان کی اور ابتداء میں کہا کہ '' ابراہیم جلیس کو موضوع بنانے کی سب سے بڑی وجہہ یہ ہے کہ میں نے بچپن میں ان کی کتاب ' دو ملک ایک کہانی' پڑھی تھی۔۔ پروفیسر رحمت

یوسف زئی نے لکھا کہ اس کتاب میں جلیس کی زندگی کے ان اہم گوشوں کا احاطہ کرلیا جائے جنہوں نے جلیس کے فن پر اپنا اثر ڈالا۔اس طرح جلیس شخصیت اورفن کی ہم آہنگی کی نادر مثال نظر آتے ہیں۔جلیس کی زندگی ایسے متنوع حالات سے گزری ہے کہ ان کا احاطہ کرنے کے لیے ایک عمر چاہئے۔تحقیق وجستجو میں ناتمامی کا احساس ہی ایک سرمایہ ہے۔اس جستجو کے دوران جلیس کی شخصیت اور ان کے فن کے مختلف گوشے سامنے آتے گئے۔''تحقیقی کتاب ''ابراہیم جلیس:شخصیت اورفن'' کے بیک کور پر شاہد حسین زبیری ٹرسٹی ایچ ای ایچ دی نظامس ٹرسٹ کا پروفیسر رحمت یوسف زئی کے بارے میں مبسوط تعارف ہے جس میں انہوں نے صاحب کتاب کے بارے میں لکھا کہ وہ ایک عمدہ شخصیت کے مالک ہیں ساتھ ہی شرارت ان کی شخصیت کا ایک اٹوٹ حصہ ہے۔انہوں نے لکھا کہ پروفیسر رحمت یوسف زئی نے شعروادب کی خدمات کے علاوہ تلگواور اردو تراجم میں بھی گراں قدر خدمات انجام دی ہیں۔

تحقیقی کتاب 'ابراہیم جلیس:شخصیت اورفن'' دوحصوں پر مشتمل ہے۔پہلا حصہ ابراہیم جلیس کی حیات اور شخصیت پر مبنی ہے جس کے چار ابواب ہیں۔اسی طرح ابراہیم جلیس کے فن کو چار ابواب میں دور کے حالات' تصانیف کا جائزہ' سیاسی وسماجی شعور اور اسلوب کے تحت جائزہ لیا گیا ہے۔اس کتاب میں ابراہیم جلیس کے حالات زندگی اور ان کے دور کے احوال تفصیل سے بیان کئے گئے ہیں۔ساتھ ہی ساتھ اس دور کے برصغیر کی سیاسی' سماجی وتہذیبی تاریخ بھی جھلکتی ہے کیوں کہ ابراہیم جلیس کی زندگی کے ادوار میں حیدرآباد میں پولیس ایکشن ہوا تھا ایک جمی جمائی حکومت کا خاتمہ ہوا۔ریاست حیدرآباد کا ہندیونین میں انضمام اور اس کے بعد کے حالات کے درمیان ادبی سرگرمیوں کا احاطہ اس کتاب میں بخوبی ملتا ہے۔کتاب کے آغاز میں شخصیت سازی کے عناصر بیان کرتے ہوئے پروفیسر رحمت یوسف زئی نے لکھا کہ ''وراثت' گھریلو ماحول' تعلیم و تربیت' عصری رجحانات' مادی اور روحانی اقدار' سماجی' معاشی' سیاسی اور معاشرتی اثرات' جسمانی حالت' صدمات یا مسرت کے لمحات' محبت کے معاملات' جنسی میلانات' جذباتیت وغیرہ یہ چند

عوامل ہیں جن کے زیر سایہ کسی شخصیت کی نشو نما عمل میں آتی ہے''۔ ابراہیم جلیس کی زندگی کے ابتدائی دور کے احوال بیان کرتے ہوئے پروفیسر رحمت یوسف زئی نے حیدر آباد میں جامعہ عثمانیہ کے قیام' جدید تعلیم کے اثرات اور پھر تقسیم کے وقت حیدر آباد کے بدلتے حالات کا جائزہ لیا جس میں ابراہیم جلیس بڑھ کر جوان ہوئے تھے۔ ابراہیم جلیس کے حالات زندگی پروفیسر رحمت یوسف زئی نے بڑی تحقیق کے ساتھ مفصل بیان کئے۔ اور لکھا کہ ان کا تعلق عثمان آباد سے تھا جو ریاست حیدر آباد کا حصہ تھا اور بعد میں مہاراشٹرا میں شامل رہا۔ ابراہیم جلیس کے دادا محمد حسین والد احمد حسین کے احوال بیان کئے جن کی دو بیویاں تھیں اور اولاد میں محبوب حسین' عابد حسین صندلی بیگم' ابراہیم حسین' یوسف حسین' مجتبیٰ حسین' ابراہیم جلیس اور سرتاج حسین تھے۔ پروفیسر رحمت یوسف زئی نے ابراہیم جلیس کے سنہ ولادت اور تاریخ پر کافی تحقیق کی اور مالک رام کے بیان پر کہ وہ بنگلور میں پیدا ہوئے تحقیق سے ثابت کیا کہ ابراہیم جلیس 22 ستمبر 1923ء کو رائچور میں پیدا ہوئے۔ اس کے لیے انہوں نے محبوب حسین جگر اور دیگر سے انٹرویو لے کر حقائق کی کھوج کی۔ جلیس کے بچپن کے بارے میں انہوں نے لکھا کہ وہ پہلے خاموش طبع تھے شیروانی پہن کر اسکول جایا کرتے تھے۔ گلبرگہ میں انہوں نے ابتدائی تعلیم حاصل کی۔ گلبرگہ میں فرحت اللہ بیگ سیشن جج تھے۔ جلیس کو ادبی ذوق ان کی صحبت سے ملا۔ انٹر کے بعد والد کی فرمائش پر جلیس علی گڑھ چلے گئے تھے۔ جہاں انہوں نے بی اے کامیاب کیا اور ترقی پسند نظریات سے واقفیت حاصل کی۔ بی اے کے بعدہ وہ حیدر آباد واپس آئے۔ وہ وکالت کرنے کی غرض سے ایل ایل بی میں داخل ہوئے لیکن صحافت اور ملازمت کی وجہہ سے وہ قانون کی تعلیم جاری نہیں رکھ سکے۔ حیدر آباد میں اورینٹ ہوٹل اور نظامیہ ہوٹل میں ہونے والی ادبی نشستوں کے درمیان جلیس کے ادبی سفر کو پروفیسر رحمت یوسف زئی نے تفصیل سے بیان کیا جب کہ اس دور میں مخدوم' سلیمان اریب' یوسف ناظم' شاہد صدیقی' عالم خوندمیری کے چرچے تھے۔ پروفیسر رحمت یوسف زئی نے لکھا کہ جلیس کو حیدر آباد میں سیول سپلائز کارپوریشن میں ملازمت ملی۔ 1946ء

میں ان کی شادی گلبرگہ کے ایک رئیس گھرانے میں کنیز فاطمہ سے ہوئی۔ بعد میں جلیس نے ملازمت سے استعفیٰ دیا۔جلیس کی دکن ریڈیو میں ملازمت‘پولیس ایکشن کے وقت ان کے رضا کاروں میں شماراور چھپتے چھپاتے براہ بمبئی ان کی پاکستان روانگی اور پولیس ایکشن کی خونیں یادوں کو پروفیسر رحمت یوسف زئی نے واقعاتی انداز میں بیان کیا۔جلیس کی پاکستان میں شہرت اور وہاں سرکاری اداروں میں ان کی ملازمت اور مختلف اخبارات میں ان کے کام کی تفصیلات اس کتاب میں ملتی ہیں۔ پروفیسر رحمت یوسف زئی نے لکھا کہ جلیس 1960ء میں حیدرآباد آئے تھےتو ان کا بھرپور خیر مقدم کیا گیا تھا۔ پاکستان میں ان کی اولاد کی ترقی اور دیگر یادیں اس کتاب کا حصہ ہیں۔جلیس کی مختصر بیماری اور 27اکتوبر 1977ءکو ان کے انتقال کی تفصیلات کتاب میں شامل ہیں۔جلیس کے حالات کے ساتھ اس کتاب میں برصغیر کی نصف صدی کی سیاسی وادبی تاریخ شامل ہے کیوں کہ جلیس کا بچپن اور جوانی کے ایام دکن میں گزرے تھےاور عملی زندگی کے ایام پاکستان میں گزرے تھےاور دونوں ملک تبدیلی کے دور سے گزر رہے تھے۔ پروفیسر رحمت یوسف زئی نے جلیس کی شخصیت کے مختلف پہلوؤں کو دوست احباب کی ملاقاتوں کے حوالے سے بیان کیا۔اورادب اور سیاست میں ان کی وابستگی کو اجاگر کیا۔

کتاب کے دوسرے حصے فن کے تحت پروفیسر رحمت یوسف زئی نے ابراہیم جلیس کے تخلیقی سفر میں افسانہ‘ناول‘ڈرامہ‘مضامین‘خاکے‘پیروڈی‘رپورتاژ‘ترتیب وتدوین اور صحافت و کالم نگاری عنوانات کے تحت ابراہیم جلیس کے فن کا کہیں مفصل اور کہیں اختصار سے جائزہ لیا۔ اس جائزے میں اصناف کے تعارف اوران کی فنی اہمیت کو بھی اجاگر کیا گیا ہے۔ پروفیسر رحمت یوسف زئی نے مرزا ظفر الحسن کے حوالے سے لکھا کہ ابراہیم جلیس کا پہلا افسانہ ”جوتا چور“ ہے۔ 1945ء میں ان کے افسانوں کا مجوعہ ”زرد چہرے“ شائع ہوا۔ابراہیم جلیس کے افسانوں کے تعارف کے ساتھ ان کے افسانوں کا انفرادی جائزہ پیش کیا گیا ہے لیکن جلیس کی افسانہ نگاری کے فن پر اجمالی جائزہ پیش نہیں کیا گیا۔لیکن انفرادی جائزے سے پتہ چلتا ہے کہ جلیس کے

افسانوں میں اپنے عہد کی آواز جھلکتی ہے۔ناول کے جائزے کے تحت پروفیسر رحمت یوسف زئی نے ابراہیم جلیس کے واحد ناول چور بازار کا ذکر کیا جو 1946ء میں لکھا گیا۔اس ناول میں جلیس نے تعلیم یافتہ بیروزگار نوجوان کی زندگی کو پیش کیا ہے۔ ڈرامے کے تحت جلیس کے ڈرامے ''اجالے سے پہلے'' 1955ء،مضامین کے تحت مضامین کے مجوعہ ''ایک پیسے کی خاطر'' کا جائزہ لیا گیا ہے۔خاکے کے تحت جلیس کے لکھے خاکوں کا تفصیلی جائزہ بھی اس کتاب میں شامل ہے۔گاندھی جی کے قتل پران کا نثری مرثیہ ''ہندوستان مرگیا'' کا جائزہ بھی اس کتاب میں شامل ہے۔رپورتاژ کے تحت جلیس کے اہم رپورتاژ '' دو ملک ایک کہانی'' میں حیدرآباد کے پولیس ایکشن کی یادیں بیان کی گئی ہیں۔ پروفیسر رحمت یوسف زئی لکھتے ہیں کہ اس رپورتاژ میں انہوں نے حیدرآباد کی سیاسی جدوجہد کا تجزیہ کیا ہے۔اوران سارے نظریات کو بھی پیش کردیا جنہوں نے حیدرآباد کوایک نئے موڑ پر لاکھڑا کردیا تھا۔۔جب تک ایمان داری کی قدر باقی رہے گی'' دو ملک ایک کہانی'' زندہ رہے گی اوراس کے ساتھ ساتھ جلیس کا نام بھی زندہ رہے گا۔ترتیب و تدوین کے عنوان سے جلیس کی مرتب کردہ کتاب'' بھوکا ہے بنگال'' اورصحافت وکالم نگاری کے تحت جلیس کی صحافتی خدمات کا احاطہ اس کتاب میں شامل ہے۔آخر میں جلیس کے اسلوب اور ان کے سیاسی وسماجی شعور کا جائزہ لیا گیا ہے۔مجموعی طور پر یہ کتاب ابراہیم جلیس فن اور شخصیت نہ صرف جلیس کی حیات اور کارناموں کواجاگر کرتی ہے بلکہ اس کتاب سے بیسویں صدی کے ہندوستان و پاکستان کے حالات اور تقسیم ہند کی تفصیلات سے واقفیت ہے۔اس دوران مختلف ادبی وثقافتی سرگرمیوں کا پتہ چلتا ہےاس طرح یہ کتاب برصغیر کی بیسویں صدی کی ایک تاریخی دستاویز ہے۔کتاب کا اسلوب دلچسپ ہےاورقاری کوبھرپور مطالعے کی ترغیب دیتا ہے۔کتاب چونکہ لکھے جانے کے کافی عرصے بعد شائع ہوئی اور بہ قول مصنف اسے ان حالات میں ہی مطالعہ کیا جائے لیکن بعض شخصیات کے گزر جانے کے بعد بھی انہیں زندہ بیان کیا گیا۔ جیسے محبوب حسین جگر وغیرہ۔اس کے علاوہ جلیس کے فن کا اجمالی جائزہ کتاب میں کھٹکتا ہے۔افسانوں ٔ ناول

اور دیگر فن پر انفرادی جائزہ ہے لیکن اجمالی جائزہ کم ہی دکھائی دیتا ہے۔ افسانوں کے علاوہ دیگر فنی امور پر جائزہ مختصر ہے۔ سرورق پر جلیس کی تصویر ان کی یاد دلاتی ہے۔ مجموعی طور پر یہ کتاب دلچسپی کی حامل ہے۔ کتاب کی قیمت 400 روپئے ہے اور آئی ایس بی این نمبر کے ساتھ یہ مجلد کتاب ایجوکیشنل بک ہاؤز نئی دہلی سے شائع ہوئی اور اسے مصنف سے ان کے فون نمبر 9848093057 سے رابطہ کر کے حاصل کی جاسکتی ہے۔

نام کتاب : کائستھ خاندان کی تاریخ

SAGA OF KAYASTH FAMILY

مصنف : ڈاکٹر نارائن راج

ہندوستان کے تکثیری سماج میں لوگوں کو ایک تہذیبی دھارے میں جوڑنے میں اردو زبان نے ہمیشہ سے اہم کردار ادا کیا ہے۔اس زبان کے ذریعے اپنی گراں قدر خدمات انجام دینے والوں میں ابنائے وطن کے دیگر طبقات کے ساتھ ساتھ کائستھ طبقہ بھی پیش پیش رہا ہے۔اوراس طبقے کے افراد نے نسل درنسل اہل ہند کی زندگی کے مختلف شعبوں میں خدمت کی ہے۔ کائستھ طبقے کے لوگ یو پی بہاراور مدھیہ پردیش میں مقیم تھے۔یہ لوگ بہ یک وقت مختلف زبانوں پر عبور رکھتے تھے اور ہر دور میں حکومت کے قریب رہے۔اس خاندان کی نامور شخصیات میں ڈاکٹر راجندر پرشاد،لال بہادر شاستری،نیتاجی سبھاش چندر بوس،سوامی وویکانند،اروبندو گھوش،شانتی سوروپ بھٹناگر،جادوناتھ سرکار،پریم چند،رام بابوسکسینہ،راجہ گردھاری پرشاد باقی وغیرہ شامل ہیں۔حیدرآباد کی سماجی وتہذیبی تاریخ بھی کائستھوں کی خدمات سے بھری پڑی ہے۔ وقت کے گزرنے کے ساتھ ہم اپنی تاریخ سے دور ہوتے جاتے ہیں۔کہا جاتا ہے کہ جوقوم اپنے ماضی کے سرمایے سے واقف نہ ہو اور اس کے تجربات سے استفادہ نہ کرے وہ کبھی ترقی نہیں کرسکتی۔چنانچہ ہندوستان اور خاص طور سے دورآصفی میں حیدرآباد میں کائستھوں کی خدمات کواجاگر کرنے کے لیے یہاں سات پیڑھیوں سے موجود کائستھ خاندان کے ایک چشم و چراغ ڈاکٹر نارائن راج نے اپنی تصنیف ''Saga of Kayasth Family کائستھ خاندان کی داستان'' میں اپنے اسلاف کے کارناموں کوحیدرآباد کی تاریخ کے تناظر میں پیش کیا ہے۔اپنے خاندان کی سات پشتوں کے نامور افراد کے کارناموں کواجاگر کرتی یہ انگریزی تصنیف گیان

پبلشنگ ہاؤز نئی دہلی نے شائع کی ہے۔ کتاب کے مصنف ڈاکٹر نارائن راج نرہری پرشاد چار یٹیبل ٹرسٹ کے مینیجنگ ٹرسٹی اور ڈاکٹر زور فاؤنڈیشن کے بورڈ آف ٹرسٹی ہیں۔انہوں نے اردو اور فارسی میں کتابیں تالیف کی ہیں۔ اور'' دی مغلس'' نامی انگریزی کتاب کے شریک مصنف بھی ہیں۔اپنی تازہ تصنیف میں انہوں نے گیارہ ابواب میں اپنے اسلاف دولت رائے۔راجہ رام۔سوامی پرساد۔راجہ نرہری پرشاد۔بنسی راجہ گردھاری پرشاد باقیؔ۔راجہ نرسنگ راج عالیؔ۔رائے نرہرراج ساقی۔ڈاکٹر بھاسکرراج۔محبوب راج محبوب اور ڈاکٹر شیلا راج کی حیات اوران کی خدمات کا احاطہ کیا ہے۔حیدرآباد میں 1724ء میں نواب قمرالدین خاں کو مغل بادشاہ محمد شاہ نے دکن کا صوبہ دار مقرر کیا تھا جو بعد میں نظام الملک آصف جاہ اول کہلائے ۔انہوں نے جب دہلی سے اورنگ آباد کے لئے کوچ کیا تو بہت سے تجربہ کار اور قابل اعتماد عہدہ داروں کو اپنے ساتھ دکن لیتے آئے۔دولت رائے کا شمار بھی ان چند اہم شخصیتوں میں سے تھا جو دہلی کے کائستھ گھرانے کے چشم و چراغ تھے۔اوراسی خاندان کی سات پشتوں نے دور آصفی میں اہم خدمات انجام دیتے ہوئے حیدرآباد کی تاریخ میں اپنے خاندان کا نام روشن کیا۔جس کی تاریخ زیرنظر کتاب'' کائستھ خاندان کی داستان'' میں پیش ہوئی ہے۔اس کتاب میں آصف جاہی دور کی ادبی تاریخ بھی پیش کی گئی ہے۔اس کتاب سے کائستھ خاندان کی ریاست حیدرآباد کے لیے مجموعی خدمات کا اندازہ لگایا جاسکتا ہے کہ کس طرح اس خاندان کے افراد نے اپنی بے مثال خدمات سے آصف جاہی سلاطین کا دل جیتا تھا اور وہ حکومت کے اہم منصبوں پر فائز رہے۔چونکہ کائستھ خاندان کے لوگ اردو، فارسی، سنسکرت اور ہندی پر عبور رکھتے تھے چنانچہ انہوں نے سلاطین آصفیہ کی خدمات کے ساتھ شعروادب میں بھی کارہائے نمایاں انجام دئے جن کا ذکر اس تصنیف میں کیا گیا ہے۔'' کائستھ خاندان کی داستان'' کتاب گیارہ ابواب پر مشتمل ہے۔اوراس میں زمانی ترتیب کے اعتبار سے خاندان کے افراد کی خدمات کا احاطہ کیا گیا ہے۔اس خاندان کی اہم خصوصیت یہ تھی کہ یہ آصف جاہی سلاطین کے دربار میں اہم عہدوں پر تو

فائز تھے لیکن یہ فارسی اور اردو زبانوں کے علاوہ برج بھاشا' سنسکرت اور ہندی پر بھی عبور رکھتے تھے۔

کتاب کا پہلا باب کائستھ خاندان کے تعارف اور ان کی مجموعی خدمات پر مبنی ہے۔ دوسرے باب میں حیدر آباد میں کائستھ خاندان کے بانی دولت رائے اور ان کے فرزند راج رام کی خدمات کا احاطہ کیا گیا ہے۔ دولت رائے کے انتقال کے بعد ان کے صاحبزادے رائے راجہ رام کو نواب نظام علی خاں آصف جاہ دوم نے ان کے والد کی خدمت ہی پر مامور کیا۔ اور انہیں ملک کے اہم منصبوں پر فائز کیا وہ حکومت کے 36 محکموں بشمول مطبخ شاہی کے نگران بھی تھے۔ انہوں نے بھکتی کال سے متاثر ہو کر چندرا گپت مہاتم کتاب لکھی۔ کتاب کے تیسرے باب میں راجہ رام کے فرزند سوامی پرشاد کی خدمات کا احاطہ کیا گیا ہے۔ آصف جاہی سلاطین نے انہیں رائے کا خطاب دیا تھا۔ آصف جاہ سوم نے سوامی پرشاد کو قلعہ آصف جاہی کی پیشکاری دی اور انہیں شاہی گھرانے کا منتظم بنایا۔ سوامی پرشاد ہندی فارسی اور اردو کے عالم تھے۔ اور اصغر تخلص اختیار کیا تھا۔ انہوں نے تینوں زبانوں میں شعر کہے تھے۔ اصؔغر کی اردو فارسی غزلیات اور کلام کے مجموعے مرتب ہوئے تھے جو کتب خانہ آصفیہ میں تھے جس کا ذکر نصیر الدین ہاشمی نے اپنی کتاب ''دکنی ہندی اور اردو'' میں کیا ہے۔ کتاب کے چوتھے باب میں ڈاکٹر نارائن راج نے سوامی پرساد اصغر کے بیٹے رائے نرہری پرساد کی خدمات کا احاطہ کیا ہے۔ 1861ء میں نظام نے انہیں رائے کے خطاب سے سرفراز کیا تھا اور پانچ صدی منصب بھی عطا کی تھی۔ سنسکرت کی مشہور گرنتھ (کتاب) ''یوگ وشٹ'' جو سارے عالم میں شہرت رکھتی ہے اس کا منظوم ترجمہ سن 1858ء میں ہندی میں کیا تھا اور اس کو ''نرہری پرکاش'' کے نام سے موسوم کیا۔ ڈاکٹر نارائن راج نے لکھا کہ مولانا آزاد اردو یونیورسٹی میں شعبہ ہندی کے اسکالر امیش کمار شرما نے نرہری پرشاد کی تخلیقات کا جائزہ پر ایم فل تحقیقی مقالہ لکھا۔ اور نرہری پرشاد کے نام سے شعبہ ہندی میں گولڈ میڈل بھی متعارف کروایا گیا۔

کتاب کا پانچواں باب راجہ گردھاری پرشاد باقیؔ سے متعلق ہے'' راجہ گردھاری پرشاد باقی سنسکرت، ہندی اور فارسی کے عالم تھے اس خاندان میں فن شاعری اور تصوف کا مذاق وراثتاً چلا آرہا ہے۔ ان کو نواب میر محبوب علی خاں کے اتالیق بھی ہونے کا شرف حاصل رہا۔ ڈاکٹر نارائن راج نے لکھا کہ آصف سادس کو بنسی راجہ پر بہت بھروسہ تھا اور وہ حکومت کے کام کاج کے سلسلے میں ان سے مشاورت کرتے تھے اور انہیں شاہی خاندان کی تقاریب کی اہم ذمہ داریاں تفویض کرتے تھے۔ بنسی راجہ نے حیدرآباد میں اسلحہ سازی اور دیگر ضروریات کے کئی کارخانے قائم کیئے۔ انہوں نے 1850ء تا 1896ء تک ہندوستان کے گوشے گوشے کا دورہ کیا اور تفصیلی طور پر سفر کے حالات بھی قلمبند کیئے وہ جہاں بھی جاتے نظام کی طرف سے منادر اور درگاہوں پر چڑھاوا چڑھاتے۔ بنسی راجہ باقیؔ کو ملازمت کی گوناں گوں مصروفیتوں کے باوجود مطالعہ تصنیف و تالیف اور شاعری کا بہت ذوق تھا۔ دیگر زبانوں میں کتابوں کے علاوہ ان کی اردو تصانیف (۱) پتی چرتر (سوانح عمری بھاسکر آنند سرسوتی) (۲) تحقیقات سپاس باقی (۳) بقائے باقی (اردو دیوان) (۴) درِ باقی و درِ ساقی۔ ہیں۔ ان کا ایک شعر اس طرح ہے۔

یہ بلا ہے یا فکر انسان کو خوار کرتی ہے جسم کو جان کو

کتاب کائستھ خاندان کی داستان کا چھٹا باب اس خاندان کے ایک اور چشم چراغ راجا نرسنگ راج عالی سے متعلق ہے۔ جو راجہ گردھاری پرشاد باقیؔ کے چوتھے فرزند تھے۔ راجہ گردھاری پرشاد باقیؔ کے اچانک انتقال پر نواب میر محبوب علی خان بہادر کو بہت صدمہ پہنچا تھا اس لئے انہوں نے راجہ نرسنگ راج عالی کو برحم خسروانہ رسم پرسہ میں سفید دوشالہ سے سرفراز فرمایا تھا نیز اسٹیٹ کورٹ آف وارڈ علاقہ صرف خاص کی نگرانی پر مقرر فرمایا۔۔ راجہ نرسنگ راج عالیؔ کو مہاراجہ کشن پرشاد شاد نہایت عزیز رکھتے تھے۔ نواب میر محبوب علی خان کے چالیسویں یوم پیدائش کے جشن کے موقع پر انہیں ''راج بہادر'' کا خطاب دیا گیا۔ بہر حال راجہ نرسنگ راج عالیؔ ایک علم دوست شاعر، ملی جلی تہذیب اور ہندو مسلم اتحاد کے ایک بہترین نمونہ تھے آپ کے کلام

میں سادگی اور صوفیانہ زندگی کی جھلک تھی۔ان کی ایک مشہور نظم ہند نامہ ہے جس کے اشعار اس طرح ہیں:

تیرا جلال اور جمال ہے یہ　　　تجھ پہ مرتے ہیں سب کمال ہے یہ

دونوں قوموں کی تو ہی مادر ہے　　　سب پجاری ہیں تو ہی مندر ہے

دل دیتا ہے دعا یہ عالؔی　　　اور ہو تیرا مرتبہ عالی

کتاب کا ساتواں باب رائے نرہرراج ساقی کے بارے میں ہے جو راجہ نرسنگ راج عالؔی کے بڑے فرزند تھے۔رائے نرہرراج کو اپنے والد محترم کے ساتھ شاؔد کی محفلوں اور مشاعروں میں شریک ہونے کا موقع ملا۔حضرت شاؔد کے دربار کے علاوہ دیگر امرائے دکن کے شعر و سخن کی محفلوں میں بھی آپ برابر شریک رہتے تھے۔راجہ صاحب نے فطری طور پر ایک شاعر کا دل پایا تھا۔آپ نہ صرف علم دوست بلکہ علم پرور بھی تھے۔آپ عجز و انکسار اور اخلاق کا مجسمہ تھے۔راجہ صاحب کے کلام میں تصوف اور معرفت کی جھلک پائی جاتی ہے۔ ان کی غزلیات میں بھی بعض جگہ حضرت داؔغ کا رنگ نمایاں ہے۔

راجہ صاحب کے چند منتخبہ اشعار یہ پیش کئے جا رہے ہیں۔

کعبے میں چلے جاؤ یا بت خانے میں جاؤ
جز نام خدا اور کوئی نام نہیں ہے

کتاب کا آٹھواں باب ڈاکٹر بھاسکر راج سے متعلق ہے جو رائے نرہرراج کے فرزند تھے۔وہ 1934ء کو حیدرآباد میں پیدا ہوئے اردو میڈیم سے تعلیم حاصل کی۔سرکاری ملازمت میں مختلف عہدوں پر فائز رہے وہ اردو ہندی اور انگریزی کے بہت اچھے مقرر تھے۔انہوں نے ساٹھ 60 سے زائد مضامین لکھے۔ان کی یاد میں یونیورسٹی آف حیدرآباد کے شعبہ ہندی میں میڈل دیا جاتا ہے۔کتاب کے نویں باب میں محبوب راج محبوب کا ذکر ہے۔''راجہ گردھاری پرشاد باقؔی کے چھوٹے بیٹے راجہ محبوب راج 1312ھ کو حیدرآباد میں پیدا ہوئے۔اپنے بچپن کا

زمانہ اپنے بھائی راجہ نرسنگ راج عالؔی کے ساتھ گذارا ان کی ابتدائی تعلیم مدرسہ عالیہ وگورنمنٹ ہائی اسکول میں ہوئی۔ ملازمت اختیار کرنے سے قبل زراعت کی جانب مائل تھے اور اس کے بعد صنعت وحرفت کی طرف رجوع ہوئے اور کارخانہ صنائع دکن قائم کر کے اس کو بے انتہا فروغ دیا۔ ابتداء میں حضرت کشن پرشاد شاؔد کی شاگردی اختیار کی۔ بعد میں نواب فصاحت جنگ بہادر جلیؔل کے شاگرد ہوئے۔ دیوڑھی عالی جناب سر مہاراجہ بہادر میں جو مشاعرے ہوتے تھے ان میں راجہ صاحب ہمیشہ اپنی غزل سناتے اور ہر شعر پر داد و تحسین حاصل کرتے۔ راجہ محبوب راج کو اپنی خاندانی وجاہت آبا و اجداد اور اپنے والد بزرگوار راجہ گردھاری پرشاد محبوب نواز ونت باقؔی پر بڑا فخر و ناز تھا اور ہمیشہ اس کا پاس ولحاظ رکھتے تھے۔

محبوب جس قدر بھی کرو ناز ہے بجا   تم ان کی یادگار ہو جو نام کر گئے

کائستھ خاندان میں خواتین نے بھی اپنی علمی و ادبی خدمات سے اپنا نام روشن کیا۔ چنانچہ کتاب کے دسویں باب میں ڈاکٹر نارائن راج نے ڈاکٹر شیلا راج کی خدمات کا احاطہ کیا جو مصنف کی اہلیہ بھی تھیں۔ شیلا راج نے عثمانیہ یونیورسٹی سے ایم اے اردو کیا۔ کچھ عرصہ محبوبیہ کالج مین اردو لیکچرر رہیں۔ شادی کے بعد بمبئی منتقل ہوگئیں اور وہاں سے حیدرآباد کی معاشی وتہذیبی تاریخ پر پی ایچ ڈی کیا۔ وہ اچھی مورخ تھیں اور آصف جاہی دور کے بارے میں اتھاریٹی سمجھی جاتی تھیں انہیں حیدرآبادی تہذیب سے پیار تھا چنانچہ انہوں نے اپنی بیشتر تصانیف آصف جاہی دور کے بارے میں لکھیں۔ جن میں ایک اہم کتاب شاہانِ آصفیہ کی رواداری اور ہندو مسلم روایات ہے۔ ڈاکٹر شیلا راج کی علمی وادبی خدمات پر حیدرآباد کے ابھرتے قلمکار ڈاکٹر عبدالعزیز سہیل نے حال ہی میں عثمانیہ یونیورسٹی سے اردو میں پی ایچ ڈی کی ہے۔ ڈاکٹر نارائن راج نے اپنی تصنیف کے اختتامی باب میں اپنے اسلاف کی خدمات کا مجموعی احاطہ کیا ہے۔ کتاب کے اختتام پر ڈاکٹر نارائن راج لکھتے ہیں: دولت رائے خاندان کے بارے میں لکھتے ہوئے نہ صرف

میں نے اس خاندان کی ادبی خدمات کو اجاگر کیا ہے بلکہ اس خاندان کے افراد کے آصف جاہی سلاطین سے قریبی روابط کو بھی اجاگر کرنے کی کوشش کی گئی ہے۔اس خاندان نے کس طرح دور آصفی میں سیاسی، سماجی، تہذیبی و ثقافتی شعبوں میں دوسو سال تک خدمات انجام دیں۔اس کتاب کے مطالعے سے ہماری نئی نسل کو اندازہ ہوگا کہ کس طرح گزشتہ حیدرآباد میں لوگ قومی یکجہتی اور فرقہ وارانہ ہم آہنگی کی اعلیٰ مثال تھے''۔ مجموعی طور پر یہ کتاب آصف جاہی دور کے ان گوشوں کو بھی اجاگر کرتی ہے جو تاریخ میں گمشدہ تھے۔خاص طور سے اس کتاب میں اس جانب اشارہ ملتا ہے کہ سلاطین آصفیہ کی رواداری مثالی تھی۔ یہ کتاب حیدرآباد کی سماجی ثقافتی وادبی تاریخ پر گراں قدر اضافہ ہے۔ کتاب میں کائستھ خاندان کے افراد کی تصاویر بھی شامل کی گئیں ہیں اور رومن اردو میں اشعار بھی پیش کئے گئے ہیں۔ کتاب میں سادہ اور بیانیہ انداز میں واقعات اور تفصیلات پیش کی گئی ہیں۔ تاہم قاری کو اندازہ ہوتا ہے کہ مصنف کو خود بھی حیدرآبادی تہذیب سے پیار تھا اور وہ اپنے اسلاف کے لیے سلاطین آصف جاہی کی جانب سے ملے اعزاز واکرام پر ایک طرح کا اظہار تشکر کر رہا ہو۔ ایک ایسے دور میں جب کہ کچھ لوگ حیدرآباد کے زرین ماضی کو بھلانے تاریخ کو غلط طریقے سے پیش کرنے کی کوشش کر رہے ہیں اور محسن ریاست حیدرآباد سلاطین آصفیہ کی رواداری پر شک کر رہے ہیں ڈاکٹر نارائن راج کی یہ تصنیف حیدرآباد کے شاندار ماضی کے احیاء کی ایک اچھی کوشش سمجھی جائے گی۔ امید ہے کہ اس کتاب کا اردو میں بھی ترجمہ ہوگا۔ تاکہ کائستھ خاندان کی یہ داستان اہل اردو بھی پڑھ سکیں گے۔ خوبصورت طباعت اور سرورق سے آراستہ اس کتاب کی قیمت -/900 روپئے ہے جو فاضل مصنف سے حاصل کی جاسکتی ہے۔

نام کتاب : حیدر آباد میں اردو ذرائع ترسیل و ابلاغ
بیسویں صدی کی آخری دہائی میں

مصنف : مصطفیٰ علی سروری

ابلاغیات اپنی بات دوسروں تک پہونچانے کا عمل ہے۔ اور موجودہ زمانے میں اس کیئے لئے پرنٹ والیکٹرانک میڈیا انٹرنیٹ اور سوشیل میڈیا کو استعمال کا جارہا ہے۔ ابلاغیات کا اہم ذریعہ صحافت بھی ہے۔ صحافت ملک کا چوتھا ستون ملک کی عوام کی ذہن ساز ہوتی ہے۔ ایک ایسے دور میں جب کہ صحافت پر الزام ہے کہ وہ کاروباری ہوتی جارہی ہے اور اپنے اصل مقصد خبروں کی ترسیل کی راہ سے بھٹکتی جارہی ہے حیدرآبادی اردو صحافت کو ہم اس لحاظ سے عالمی سطح کی معیاری اور مقبول صحافت قرار دے سکتے ہیں کہ اکیسویں صدی کی دوسری دہائی میں یہاں سے عالمی سطح کے مقبول عام اردو اخبارات نکلتے ہیں۔ ان اخباروں میں سیاست کو میر کارواں کی حیثیت حاصل ہے۔ ہندوستان کی آزادی کے بعد صحافت کے افق پر یہ ستارہ نمودار ہوا تھا محبوب حسین جگر، عابد علی خان اور اب زاہد علی خان اور عامر علی خان کے زیر نگرانی نکلنے والے اس اخبار کی اہم خصوصیت یہ ہے کہ یہ اپنے دور کے مسائل کو نہ صرف اجاگر کرتا ہے بلکہ ان مسائل کا حل بھی پیش کرتا ہے روزنامہ سیاست میں نئے دور میں ہر اتوار اپنا کالم لکھنے والے نئی نسل کے صحافی اور مولانا آزاد اردو یونیورسٹی کے شعبہ صحافت سے وابستہ فعال استاد مصطفیٰ علی سروری اسوسیٹ پروفیسر ہیں۔ سروری صاحب حیدرآباد کی نئی نسل کہ وہ صحافی ہیں جنہیں زمانہ طالب علمی سے ہی اردو صحافت سے دلچسپی رہی۔ عثمانیہ یونیورسٹی سے بی سی جے ایم سی جے کی تعلیم حاصل کی۔ نامور استاد صحافت رحیم خان صاحب کے شاگرد رہے۔ سیاست اخبار نے انہیں اظہار

خیال کا موقع فراہم کیا۔ اور ہر اتوار سماجی سیاسی اور حالات حاضرہ کے موضوعات پر بے لاگ تبصروں کے ساتھ شائع ہونے والے ان کے مضامین اردو اخبار کے قارئین میں بے حد مقبول ہیں۔ گزشتہ کئی سال سے انہوں نے عید میلادالنبی ﷺ کے موقع پر خون کا عطیہ کیمپ کا کامیابی سے انعقاد عمل میں لایا۔ وہ حیدرآباد کے ٹی ٹی وی خانگی چینل پر مختلف ماہرین سے کیریر گائڈنس لیکچرز اور براہ راست سوال و جواب کے پروگرام منعقد کرتے ہیں۔ انہوں نے پروفیسر افضل الدین اقبال مرحوم عثمانیہ یونیورسٹی کے زیر نگرانی ایم فل اردو کے لئے تحقیقی مقالہ ''حیدرآباد میں اردو ذرائع ترسیل و ابلاغ بیسویں صدی کی آخری دہائی میں'' کے عنوان سے تحریر کیا۔ جو بعد میں ترمیم و اضافہ کے ساتھ نوبل انفوٹیک حیدرآباد کے زیر اہتمام کتابی صورت میں شائع ہوا۔ سروری صاحب کے مضامین کی طرح اردو حلقوں اور خاص طور سے اردو صحافتی حلقوں میں اس کتاب کی بے حد پذیرائی ہوئی اور حیدرآباد کی اردو صحافت کی تاریخ پر یہ کتاب اہمیت اختیار کر گئی۔ زیر تبصرہ کتاب میں مختلف ابواب جیسے ترسیل و ابلاغ۔ ترسیل و ابلاغ کے ذرائع اور ان کی ترقی۔ بیسویں صدی کی آخری دہائی میں حیدرآباد میں اردو صحافت۔ بیسویں صدی کی آخری دہائی میں حیدرآباد میں ریڈیو کی ترقی۔ بیسویں صدی کی آخری دہائی میں حیدرآباد میں ٹیلی ویژن کی ترقی۔ بیسویں صدی کی آخری دہائی میں حیدرآباد میں ذرائع ابلاغ کی ترقی اجمالی جائزہ۔ کے تحت معلومات اور خیالات پیش کئے گئے ہیں۔

اکیسویں صدی بلاشبہ انفارمیشن ٹیکنالوجی کے غلبے والی صدی ہے۔ اس دور میں ساری دنیا اس کوشش میں لگی ہوئی ہے کہ کس طرح لوگوں کی توجہ اپنی جانب کرائی جائے۔ اپنے کاروبار کی تشہیر ہو۔ لوگوں کی ذہن سازی سے انتخابات جیتے جائیں اور اپنا فائدہ ہو۔ پہلے خبریں ہوتی تھیں اب لوگ خبر تیار کر رہے ہیں اور اسے اپنے انداز میں پیش کر رہے ہیں۔ یہ سب سلسلہ بیسویں صدی کی آخری دہائی میں تیز ہوا اور دنیا میں کیبل نشریات کے ذریعے ابلاغیات کی دنیا میں انقلاب برپا کیا گیا۔ خیال کے کامیاب اظہار کی ترسیل قرار دیتے ہوئے صاحب کتاب

مصطفیٰ علی سروری لکھتے ہیں کہ ''اگر انسانوں کے درمیان ترسیل کے عمل پر پابندی عائد کردی جائے اور انہیں ترسیل کے ذرائع اختیار کرنے سے روک دیا جائے تو معاشرے کا نظام ٹھپ ہوجائے''۔اس کی اہمیت کے پیش نظر انہوں نے لکھا کہ اقوام متحدہ نے ترسیل کو قانونی حیثیت عطا کی ہے اور خود اظہار خیال کی آزادی والے ملک ہندوستان میں فریڈم آف انفارمیشن بل 1997ء کے ذریعے ترسیل کو قانونی درجہ دیا گیا ہے۔ترسیل اور ابلاغیات کے تعارف کے باب میں انہوں نے تکنیکی طور پر ابلاغیات کی سائنس کو پیش کیا جس میں مرسل مرسل الیہ واسطہ باہمی ترسیل گروہی ترسیل اور عوامی ترسیل کی تفصیلات پیش کی گئی ہیں۔اس کی بعد ابلاغیات کی ترقی اور پرنٹ و الیکٹرانک میڈیا کے وسائل کا تعارف بیان کیا گیا ہے۔ذرائع ابلاغ اور نظریات کی ترویج کے ضمن میں فاضل مصنف نے لکھا کہ ہندوستان جیسے تکثیری سماج میں قومی یکجہتی اہم پہلو ہے اوراس کی برقراری کے لئے میڈیا کے رول کی ہر زمانے میں ضرورت محسوس کی گئی ہے۔زیر تبصرہ کتاب کے دوسرے باب میں ابلاغیات کے تین ذرائع صحافت پرنٹ و الیکٹرانک میڈیا ریڈیو اور ٹیلی ویژن کی ترقی کی تفصیلات پیش کی گئی ہیں۔مصنف نے وہ تمام حالات پیش کئے جب کہ ہندوستان میں بیسویں صدی کی آٹھویں دہائی میں دوردرشن سے ٹیلی ویژن نشریات شروع ہوئیں اور 1990ء کی دہائی میں سٹلائٹ چینلوں خاص طور سے اسٹار زی سونی وغیرہ کے غلبے کے ہندوستانیوں پر اثرات کو اجاگر کیا گیا۔ٹیلی ویژن کی تجارتی اہمیت کے بارے میں مصطفیٰ علی سروری لکھتے ہیں'' ہندوستان ایک اہم تجارتی منڈی ہے جہاں اشیاء کی فروخت کے لئے کمپنیاں اہم فلمی ستاروں' نامور کھلاڑیوں اور خوبصورت ماڈلس کو اشتہارات کے لئے کروڑوں روپئے لیتے ہیں وہیں با صلاحیت نوجوان اشتہارات کے خوبصورت دلچسپ فقرے لکھ کر سرمایہ کما سکتے ہیں۔اس طرح ٹیلی ویژن کی صنعت فراہمی روزگار کا اہم ذریعہ ہے''۔کتاب کے اصل تین ابواب میں پہلا باب حیدرآباد میں بیسویں صدی کی آخری دہائی میں صحافت کی ترقی سے متعلق ہے جس کی ابتدا حیدرآباد میں رسالہ طبابت حیدرآباد کی اشاعت سے

ہوا۔اس کے بعد آزادی سے قبل جاری ہونے والے مشہور اردو اخبار رہنمائے دکن‘ اور آزادی کے بعد جاری ہونے والے اردو اخبارات سیاست منصف اور ہمارا عوام کی خدمات کی تفصیلی ذکر کیا گیا ہے اردو اخبارات کس طرح کتابت کے دور سے کمپیوٹر کتابت کے دور اور سیاہ وسفید سے رنگین اشاعت میں داخل ہوئے اس کی تفصیلات بھی اس باب کا حصہ ہیں اردو اخبارت میں شائع ہونے والے مختلف معلوماتی سپلمنٹ اور مختلف ایام میں شائع ہونے والے مختلف خصوصی کالموں اورخبروں اداریوں کے علاوہ دیگر اہم معلومات سے متعلق تفصیلات کا احاطہ کیا گیا ہے۔اردو اخبار جب انٹرنیٹ پر دیکھے جانے لگے تو ان کے قارئین کی تعداد میں اضافہ ہوا۔اس ضمن میں مصطفیٰ علی سروری جی ڈی ٹنڈن کے حوالے سے لکھتے ہیں کہ ”عالمی سطح پر انٹرنیٹ کے ذریعے اردو اخبارات کی پہنچ دیگر زبانوں کے مقابلے میں زیادہ ہے۔“ اردو صحافت کے مسائل کا ذکر کرتے ہوئے انہوں نے لکھا کہ سرکیولیشن کی کمی‘ کاغذ کی مہنگائی اور اشتہارات کے حصول میں دشواری سے اردو صحافت کی ترقی سست رہی ہے اور صحافیوں کو کم یافت دینے سے بھی معیاری صحافی اردو صحافت سے وابستہ نہیں ہو پائے۔ باب کے آخر میں اردو صحافت میں شخصی کردار کشی کو انہوں نے نقصان دہ قرار دیا۔کتاب کا اگلا باب میں حیدرآباد میں ریڈیو کی ترقی سے متعلق ہے۔بیسویں صدی میں حیدرآباد میں دکن ریڈیو کی مقبولیت رہی اور آزادی کے بعد آل انڈیا ریڈیو سے اردو پروگرام نیرنگ کے مقبولیت کا ذکر کیا گیا۔ایک زمانہ تھا جب حیدرآباد کے ہر گھر سے نیرنگ پروگراموں کی آواز آتی تھی۔ نیرنگ سے وابستہ فنکاروں میں اظہر افسر‘ قمر جمالی‘ اسلم فرشوری‘ جعفر علی خان‘ شبینہ فرشوری‘ معراج الدین‘ اکبر علی خان اور ریڈیو پر پابندی سے خط بھیجنے والے سامع ماسٹر نسیم الدین نسیم کا ذکر نیرنگ کی پرانی یادوں کو تازہ کرتا ہے۔نیرنگ میں چھوٹی چھوٹی باتیں‘ ڈھولک کے گیت اور ہر اتوار کی شب پیش ہونے ولا ریڈیائی ڈرامہ اور حرف تابندہ مقبول پروگرام تھے۔نیرنگ کے علاوہ حیدرآباد ریڈیو سے صبح اور شام میں یواوانی پروگرام اور شام میں اردو خبریں بھی نشر ہوتی تھیں جن کی تفصیلات اس باب میں پیش کی گئی ہیں۔اردو پروگراموں

کے علاوہ دیگر زبانوں کے پروگراموں کی تفصیلات بھی اس باب کا حصہ ہیں۔ کتاب کے تیسرے اور آخری باب میں حیدرآباد میں بیسویں صدی کی آخری دہائی میں ابلاغیات کے اہم ذریعہ ٹیلی ویژن کی ترقی کی تفصیلات پیش کی گئی ہیں۔ اردو پروگرام انجمن، مختلف مواقع پر پیش ہونے والے خصوصی پروگرام اور اردو خبروں کی نشریات کا ذکر کیا گیا ہے۔ فاضل مصنف نے لکھا کہ حیدرآباد دوردرشن کو ترقی دینے میں امتیاز علی تاج نے اہم رول ادا کیا اور نئی منزلیں اور اردو میگزین جیسے پروگراموں کے آغاز کی تفصیلات پیش کیں۔ کتاب کے آخر میں مصنف کتاب مصطفیٰ علی سروری نے ابلاغیات کے اہم ستون صحافت ریڈیو اور ٹیلی ویژن پر نئے زمانے کے اثرات کا جائزہ لیا۔ اردو اخبارات کے بارے میں انہوں نے کہا کہ تحقیقاتی صحافت کے بجائے ترجمے کی صحافت کا رجحان اردو صحافت کے لئے اچھا نہیں ہے اور اردو اخبارات میں بے تحاشہ انگریزی الفاظ کے استعمال سے اردو زبان کا نقصان ہوگا۔ انہوں نے ریڈیو کے شاندار ماضی کے احیا اور ٹیلی ویژن پر نظریات سازی سے زیادہ حقائق کی پیشکشی اور ایک بہتر معاشرے کی تشکیل میں صحت مند ذرائع ابلاغ پر زور دیا۔

مجموعی طور پر مصطفیٰ علی سروری کی اردو کتاب ''حیدرآباد میں اردو ذرائع ترسیل و ابلاغ بیسویں صدی کی آخری دہائی میں'' اردو صحافت پر لکھی جانے والی کتابوں میں اہم اضافہ ہے اور ابلاغیات کی سائنس کو سمجھنے اور حیدرآباد میں ابلاغیات کے ارتقا سے واقفیت کے لئے اہمیت رکھتی ہے۔ پیشہ صحافت سے وابستہ ہر صحافی کو یہ کتاب ضرور پڑھنی چاہیے۔ ایک ایسے دور میں جب کہ کتابوں کی خریداری ایک اہم مسئلہ ہے میں مصنف کو مشورہ دینا چاہوں گا کہ وہ اس کتاب کا مواد انٹرنیٹ پر آن لائن مفت کر دیں۔ ویسے یہ کتاب خریدنے کے لئے امیزان انڈیا اور امریکہ کی ویب سائٹ پر دستیاب ہے اور مصنف سے حیدرآباد میں رابطہ کرتے ہوئے حاصل کی جا سکتی ہے۔ ای میل sarwari829@yahoo.com

نام کتاب : احساسات

مصنف : مصطفیٰ علی سروری

حیدرآباد دکن کی اردو صحافت نے عالمی شناخت بنائی ہے۔ یہاں کے صحافی اپنی پیشہ وارانہ سرگرمیوں کے علاوہ سماجی سرگرمیوں سے بھی وابستہ ہیں اور ہفتہ وار کالم لکھ کر عہد حاضر کے تقاضوں پر سیر حاصل گفتگو کرتے ہیں۔ حیدرآباد دکن کے ایسے ہی صحافی مصطفیٰ علی سروری ہیں جن کا کالم گزشتہ کئی سال سے روزنامہ سیاست کے اتوار سپلمنٹ میں شائع ہوتا ہے اور عوامی مقبولیت حاصل کر چکا ہے۔ صحافتی مضامین لکھنا مصطفیٰ علی سروری کا شوق ہے۔ پیشے سے وہ صحافت کے استاد ہیں اور مولانا آزاد اردو یونیورسٹی کے شعبہ ترسیل وصحافت میں اسوسیٹ پروفیسر ہیں۔ سروری صاحب حیدرآباد کی نئی نسل کہ وہ صحافی ہیں جنہیں زمانہ طالب علمی سے ہی اردو صحافت سے دلچسپی رہی۔ عثمانیہ یونیورسٹی سے بی سی جے ایم سی جے کی تعلیم حاصل کی۔ نامور استاد صحافت رحیم خان صاحب کے شاگرد رہے۔ سیاست اخبار نے انہیں اظہار خیال کا موقع فراہم کیا۔ اور ہر اتوار سماجی سیاسی اور حالات حاضرہ کے موضوعات پر بے لاگ تبصروں کے ساتھ شائع ہونے والے ان کے مضامین اردو اخبار کے قارئین میں بے حد مقبول ہیں۔ گزشتہ کئی سال سے انہوں نے عید میلاد النبی ﷺ کے موقع پر خون کا عطیہ کیمپ کا کامیابی سے انعقاد عمل میں لایا۔ وہ حیدرآباد کے ٹی ٹی وی خانگی چینل پر مختلف ماہرین سے کیریر گائڈنس لیکچرز اور براہ راست سوال وجواب کے پروگرام منعقد کرتے ہیں۔

"احساسات" (حصہ دوم) "مصطفیٰ علی سروری کی گیارہویں کتاب ہے۔ جیسا کہ کتاب کے عنوان سے ظاہر ہے اس کتاب میں فاضل مصنف کے ہندوستانی سماج کے مختلف گوشوں پر احساسات وتاثرات ہیں۔ اس کتاب کا پیش لفظ مولانا آزاد اردو یونیورسٹی کے

سابق پرووائس چانسلر پروفیسر شکیل احمد نے لکھا۔جس میں انہوں نے اس کتاب کے مضامین کی افادیت بیان کرتے ہوئے لکھا کہ ''اس کتاب کا ہر مضمون ایک مشن کی نشاندہی کرتا ہے اور امت مسلمہ کو دعوت دیتا ہے کہ وہ اس طرح کی ترغیبی وتحریکی کتابوں کو عام کریں''۔ کتاب میں میری بات کے تحت فاضل مصنف نے لکھا کہ ''مسلمانوں میں آج سب سے بڑی ضرورت سوشل سائنس دانوں کی ہے۔۔جن چیالنجس کا آج مسلم قوم سامنا کر رہی ہے ان کا سائنسی انداز میں تجزیہ کرنے اور حل تجویز کرنے کی سمت یہ میری کوشش ہے''۔ پروفیسر شکیل احمد اور مصنف کتاب مصطفیٰ علی سروری صاحب کے بیانات اور ''احساسات'' (دوم) میں شامل کل 30 مضامین کے مطالعے سے اندازہ ہوتا ہے کہ فاضل مصنف نے ہندوستان کے مسلمانوں کے سماجی و سیاسی حالات کا گہرائی سے مطالعہ کیا ہے۔آئے دن ہمارے سماج میں پیش آنے والے واقعات جو اخبارات کی سرخیاں بنتے ہیں ان کا گہرائی سے مطالعہ کرتے ہوئے اور تجزیے کے بعد مسئلے کی سنگینی کو بیان کرنے اور اس کا حل پیش کرتے ہوئے مصطفیٰ علی سروری نے کوشش کی ہے کہ ہندوستانی مسلمانوں کی موجودہ سماجی صورتحال اور اس کے حل کے لیے ایک مکالمہ پیش کیا جائے۔ مصطفیٰ علی سروری صحافی ہونے اور صحافت کی تدریس کے پیش نظر ہندوستان کی اردو اور انگریزی صحافت پر گہری نظر رکھتے ہیں۔ پرنٹ والیکٹرانک میڈیا پر ان کی گہری نظر ہے۔اکثر انگریزی اخبارات مسلمانوں کے سماجی مسائل سے متعلق اسٹوری کور کرتے ہیں جو اردو اخبارات تک نہیں پہونچ پاتیں۔ مصطفیٰ علی سروری انہیں بنیاد بنا کر اپنے کالم کا مواد تیار کرتے ہیں اور اسے تجزیاتی انداز میں پیش کرتے ہیں۔ان مضامین میں ہماری سماجی زندگی کے کئی کردار ہیں جن کی پسماندگی پر مصطفیٰ علی سروری نے سماجی تجزیہ کیا ہے۔کتاب ''احساسات'' کا پہلا مضمون'' ماں پلیز مجھے پیار سے پڑھاؤنا'' ہے جس میں حال ہی میں سوشل میڈیا پر وائرل ہونے والی ایک چھوٹی لڑکی حیاء کا قصہ بیان کیا گیا ہے جو اپنی ماں کے تشدد کا شکار ہوتی ہے۔اس واقعہ کو بنیاد بنا کر انہوں نے مضمون میں دیگر کئی واقعات کے حوالے دیئے جن میں اپنے بچوں سے بہتر تعلیمی

نتائج کے لیے والدین کے دباؤ اور اس کے منفی نتائج کا ذکر کیا گیا ہے۔ چنانچہ وہ اس مسئلے کے حل کی جانب بڑھتے ہوئے کہتے ہیں کہ ''بچوں پر تعلیم کے لیے والدین کی طرف سے بڑھنے والا دباؤ ایک سنگین مسئلہ ہے۔ اس مسئلہ کو تسلیم کرنا ہی اس کو حل کرنے کی سمت اٹھایا جانے والا صحیح قدم ہوگا۔۔ اچھے مارکس کے لیے اچھے رینک کے لیے میرٹ کے لیے اور نتیجہ حسب توقع نہ آنے پر موت کی نیند سو جانا پسند کر رہے ہیں۔ یہ لمحہ فکر ہے''۔ فاضل مصنف نے تجویز رکھی کے والدین کی جانب سے تعلیم اور بہتر نتائج کے حصول کے جذبے میں شدت نہیں ہونی چاہئے۔ حیدرآباد میں کم عمر لڑکیوں کی عرب شیوخ سے بے جوڑ شادی کے مسئلے کو مضمون ''غریب مسلمان ہی نہیں اور بھی ہیں لیکن'' میں پیش کیا گیا ہے کہ کس طرح پرانے شہر حیدرآباد میں دولت کے حصول کے لالچ میں لوگ اپنی معصوم بچیوں کو عرب بھیڑیوں کے حوالے کر رہے ہیں اور معصوموں کی زندگی سے کھلواڑ کر رہے ہیں اس مضمون میں انہوں نے کئی واقعات کو بیان کیا جس میں والدین افراد خانہ اور قاضی حضرات ملوث رہے ہیں۔ اس مضمون میں انہوں نے ایک جیوتی نامی لڑکی کی کہانی بھی پیش کی جو شادی کے بعد کاروبار کرتے ہوئے عزت سے گھر چلا رہی تھی۔ مضمون کے آخر میں وہ کہتے ہیں ''غریب مسلمان ہی نہیں ہندو بھی ہیں۔ مگر غریب ہندو تعلیم کو ترجیح دے رہا ہے اور مسلمان بس شادی کی فکر کر رہا ہے۔ خدایا تو ہم سب پر رحم فرما اور ہمیں کامیابی کے راستے پر چلا دے۔''۔ مضمون ''تو دوست ہے تو نصیحت نہ کر خدا کے لیے'' میں مصطفیٰ علی سروری نے سماج میں خواتین کے کام کرنے اور زندگی کی گاڑی خود چلانے کی مختلف مثالوں کو پیش کیا ہے۔ جس میں انہوں نے موہالی پنجاب میں 52 برس کی بیوہ پرمجیت کور کی ٹیکسی بائیک چلانے' خواتین کا بچوں کو سنبھالتے ہوئے کنڈیکٹر کی نوکری کرنے' مستان اماں کے پکوان کے ویڈیو یوٹیوب پر ڈال کر پیسے کمانے کی مثالیں واقعات کے ساتھ پیش کرتے ہوئے لکھا کہ سماج میں خواتین روزگار کمانے کے لیے جستجو کر رہی ہیں مسلم خواتین بھی باعزت طریقے سے روزگار کمائیں تو مسلمانوں کی معاشی حالت بہتر ہوسکتی ہے۔ مضمون ''عثمانیہ یونیورسٹی کے سو سال'' میں فاضل مصنف نے اعداد وشمار پیش

کرتے ہوئے لکھا کہ ماضی میں اس یونیورسٹی سے کئی مسلم اساتذہ وابستہ رہے اب یونیورسٹی کے پندرہ شعبوں میں کوئی بھی مسلم طالب علم نہیں ہے انھوں نے حکومت سے بھی مطالبہ کیا کہ وہ یونیورسٹی میں تقررات عمل میں لاتے ہوئے یونیورسٹی کے سابقہ معیار کو بحال کریں۔اس طرح کتاب ''احساسات'' (دوم) کے سارے مضامین مسلمانوں کے سماجی' سیاسی 'تعلیمی ومعاشی حالات پر غور وفکر کی دعوت دیتے ہیں۔ جیسا کہ کہا گیا کہ ہمیں اپنے لیے سوشل سائنس دانوں کی بھی ضرورت ہے جو سماجی حالات کا تجزیہ کرتے ہوئے مناسب حل پیش کریں۔ چنانچہ مصطفیٰ علی سروری بھی ایک رضا کارانہ سماجی سائنس دان کی طرح مسلمانوں کے معاشی' ملی' سیاسی 'تعلیمی واقتصادی حالات پر گہری نظر رکھتے ہیں۔اس کتاب میں تقابلی انداز اختیار کیا گیا ہے۔اور مسلمانوں اور دیگر طبقات کا تقابل کرتے ہوئے فاضل مصنف نے لکھا کہ جس طرح ماضی میں مسلمان حکمران تھے اور زندگی کے ہر شعبے میں آگے رہ کر دوسروں کی ترقی کے کام کرتے تھے آج مسلمانوں میں بے کاری' بے عملی' اسراف' بے دینی اور دیگر سماجی برائیاں پیدا ہونے سے ان کے مسائل میں اضافہ ہوا ہے۔ اس طرح کے مضامین سے اپنے عہد کے سماجی مسائل کو سمجھنے اور ان کے حل میں مدد ملتی ہے۔ واقعات کا سہارا لے کر اپنی بات کو دلائل سے پیش کرنا مضمون نگار کی اہم خصوصیت ہے۔ چنانچہ یہ کتاب تحقیقاتی صحافت کی بھی ایک اچھی مثال ہے۔ کتاب کا اسلوب رواں اور دلچسپ ہے اور قاری کو مکمل مضمون پڑھنے کے لے راغب کرتا ہے۔ فاضل مصنف مبارکباد کے لائق ہیں کہ وہ ہر ہفتہ اپنے کالم کے ذریعے ہندوستانی مسلمان اور ہمارے عہد کے مسائل کو سنجیدگی سے اجاگر کر رہے ہیں۔ سوشل میڈیا کے اس دور میں اس طرح کے مضامین کو سوشل میڈیا پر بھی پیش کرنے کی ضرورت ہے جس کا سلسلہ اب مصطفیٰ علی سروری نے شروع کیا ہے۔ میری تجویز ہے کہ سوشل میڈیا کے ایک بلاگ پر یہ سارے مضامین پیش ہوں تا کہ مستقبل میں بھی لوگ مطالعہ کر سکیں۔ کتاب ''احساسات'' (دوم) ایجوکیشنل بک ہاؤز نئی دہلی سے شائع ہوئی ہے۔ حیدرآباد کے علاوہ ہندوستان کے اہم شہروں اور پاکستان میں بھی یہ کتاب دستیاب ہے۔ مصنف سے رابطہ کرتے ہوئے یہ کتاب حاصل کی جاسکتی ہے۔

نام کتاب : سائبر دور میں حیدرآباد کے روزنامے

مصنف : احتشام الحسن مجاہد

زبان خیال کے اظہار کا اہم ذریعہ ہے۔ انسان اپنی ضروریات کی تکمیل کے لئے زبان استعمال کرتا ہے اور ایک دوسرے سے اپنے خیالات کی ترسیل کرتے ہوئے زندگی کے کام انجام دیتا ہے۔ زبان کی پہلی اور بنیادی شکل بولی ہے اور کسی زبان کی ترقی یافتہ شکل اس کا رسم الخط ہے۔ جس کے ذریعے زبان کے شعبے علم و ادب وجود میں آتے ہیں۔ زبان کا سماج اور تہذیب سے بھی تعلق ہوتا ہے۔ اور ترقی یافتہ تہذیبوں کی زبان بھی ہمیشہ عصر حاضر کے تقاضوں سے ہم آہنگ ہوتی رہتی ہے۔ دنیا کی دیگر زبانوں کی طرح اردو بھی ایک عالمی زبان ہے۔ اور آج یہ اکیسویں صدی کے جدید تقاضوں سے لیس ہونے کی کوشش میں لگی ہے۔ موجودہ صدی کو اطلاعات کے طوفان یعنی انفارمیشن ٹیکنالوجی کی صدی کہا جاتا ہے۔ دنیا بھر میں پل پل بریکنگ نیوز کے نام سے پیدا ہونے والی اطلاعات کو میڈیا کے ذرائع اور فون کے ذریعے لوگوں تک پہونچایا جارہا ہے۔ کمپیوٹر، اسمارٹ فون اور انٹرنیٹ کے عام ہونے سے دنیا بھر کی معلومات اب انسان کے ہاتھ میں آگئی ہیں اور راہ چلتے یا اپنے کمرے میں لیٹے لیٹے بھی انسان دنیا بھر سے معلومات تحریر، تصویر یا ویڈیو کی شکل میں حاصل کر رہا ہے۔ انسان عصر حاضر کی ٹیکنالوجی سے مستفید تو ہو رہا ہے لیکن اس ٹیکنالوجی کے سفر سے بہت کم لوگ واقف ہوتے ہیں کہ آج کی یہ حیرت انگیز ترقی کن مراحل سے گذر کر اس مقام تک پہونچی ہے۔ اردو زبان اور اس کی صحافت بھی انفارمیشن ٹیکنالوجی اور سائبر ٹیکنالوجی سے ہم آہنگ ہو رہی ہے۔ اخبارات ایک زمانے

تک قارئین کو اردو میں خبریں فراہم کرنے کا ایک اہم ذریعہ تھے اور آج بھی ٹیلی ویژن اور انٹرنیٹ اور فون کی ترقی کے باجود لوگ اخبار پڑھنے کو ترجیح دیتے ہیں۔ ہمارے ہاتھ میں جو اردو اخبار ہے وہ پہلے کاتب حضرات کی کتابت اور قدیم طرز کی سنگی اور لیتھو طباعت سے آراستہ ہو کر قارئین کے ہاتھ پہونچتا تھا۔ جب کمپیوٹر کا دور آیا اور کمپیوٹر میں اردو تحریر کا سافٹ ویر وجود میں آیا تو اردو اخبارات کتابت کے مشکل مرحلے سے نکل کر کمپیوٹر کمپوزنگ کے آسان اور خوبصورت دور میں داخل ہوئے اور طباعت میں لیتھو کی جگہ آفسیٹ پرنٹنگ نے لی اور اب رنگین طباعت کا دور آگیا ہے۔ اردو اخبارات اور خاص طور سے آندھرا پردیش کے اردو اخبارت ان تبدیلیوں سے کس انداز میں دوچار ہوئے ان تمام تفصیلات سے اردو کا عام قاری اور نئے دور کا نوجوان قاری ناواقف تھا۔ اردو میں اس نئے اور منفرد موضوع پر قلم اٹھاتے ہوئے سائبر معلومات کو اردو میں قارئین تک پہونچانے میں مہارت رکھنے والے نوجوان صحافی محمد احتشام الحسن مجاہد نے اپنی دوسری تصنیف ''سائبر دور میں حیدر آباد کے روزنامے'' کے نام ایک مفید اور معلوماتی کتاب پیش کی ہے۔ جس کا حال ہی میں رسم سیاست ہال میں پروفیسر فاطمہ بیگم، پروفیسر ایس اے شکور، عامر علی خان نیوز ایڈیٹر سیاست اور ڈاکٹر فضل اللہ مکرم کے ہاتھوں اجرا عمل میں آیا۔ اردو اخبارات کے قارئین کے لئے محمد احتشام الحسن مجاہد تعارف کے محتاج نہیں ہیں۔ یہ روزنامہ سیاست میں ہر پیر اپنا کمپیوٹر کی معلومات پر مبنی کالم لکھتے ہیں۔ 2004ء سے روزنامہ سیاست سے وابستہ ہیں۔ اسپورٹس جرنلسٹ اور کمپیوٹر نالج کے ماہر کے طور پر جانے جاتے ہیں۔ اور کمپیوٹر کی مشکل باتوں کو آسان اردو میں اردو قارئین تک پہونچاتے ہیں۔ سائبر دور سے بخوبی واقف ہیں۔ اوراس کی مشکلات کو وہ خود سمجھ کر اردو قارئین تک پہونچاتے ہیں۔ آج کمپیوٹر کے غلبے والے اس دور میں کہا جاتا ہے کہ جو کمپیوٹر چلانا نہیں جانتا وہ جاہل ہے اور لوگوں کو سائبر جہالت سے دور کرنے کے لئے محمد احتشام الحسن مجاہد اپنے نام کی مناسبت سے کمپیوٹر عدم خواندگی اور سائبر کرائم کے دور میں سائبر جہاد کر رہے ہیں اور اس میں بہت حد تک کامیاب بھی ہیں۔ احتشام کی یہ کتاب 'سائبر دور

میں حیدرآباد کے روزنامے'' ان کے ایم فل مقالے پر مشتمل ہے۔انہوں نے شعر وادب کے روایتی موضوعات سے ہٹ کر اردو میں کمپیوٹر ٹیکنالوجی کو تحقیق کا موضوع بنایا اور اردو تحقیق میں ایک نئے موضوع کا اضافہ کیا ہے۔انہوں نے اردو میں جامعاتی تحقیق کو یہی موضوع بنایا ہے اور عثمانیہ یونیورسٹی سے ''سائبر دور میں اردو کی ترقی'' کے عنوان پر پی ایچ ڈی کے لئے تحقیق بھی کر رہے ہیں۔ان کی زیر تبصرہ کتاب حیدرآباد کی اردو صحافت کی طباعتی اعتبار سے عہد بہ عہد تبدیلی اور ترقی کو پیش کرتی ہے۔اور یہ کتاب حیدرآباد کے روزناموں کی ایک تاریخی دستاویز بھی ہے۔ محمد احتشام الحسن کی پہلی تصنیف ''سائبر دنیا اردو میں'' 2008ء میں شائع ہو کر مقبول ہوئی۔اس کتاب میں کمپیوٹر کے ہارڈ ویر سافٹ ویر اور انٹرنیٹ سے متعلق تازہ ترین معلومات آسان زبان میں پیش کی گئیں۔دوسری تصنیف ''سائبر دور میں حیدرآباد کے روزنامے'' کے مشمولات میں مصنف کا مقدمہ'اردو کو ہر دور میں کامیاب بنانے کی کوشش۔صحافی فاضل حسین پرویز کا تعارفی مضمون' سائبر دور کا آغاز وارتقاء'ہندوستان میں سائبر دور کا آغاز وارتقاء'سائبر دور سے قبل حیدرآباد کے اردو اخبارات تاریخ و تجزیہ'سائبر ٹیکنالوجی کی آمد کے بعد حیدرآباد کے اردو اخبارات میں تبدیلیاں روزنامہ سیاست۔منصف اور رہنمائے دکن کے حوالے سے'سائبر دور میں جاری ہونے والے حیدرآباد کے روزنامے راشٹریہ سہارا اور اعتماد'سائبر دور کی آسانیوں کے باجود حیدرآباد کے روزناموں کے مسائل اور کمپیوٹر اور اردو سافٹ ویر کے مسائل شامل ہیں۔ مقدمے میں مصنف نے سائبر ٹیکنالوجی سے اپنی چاہت اور اردو صحافت کو سائبر ٹیکنالوجی کے عصری تقاضوں سے لیس کرنے کی جستجو کو اس کتاب کی وجہ تصنیف قرار دیا۔ان کے اس طرح کے جذبے کی اردو کے بڑے اخبارات کے انتظامیہ کی جاب سے حوصلہ افزائی کرنی چاہئے اور اپنے اخبارات کو انگریزی اخبارات کے ہم پلہ بنانے کی جانب پیشرفت کرنی چاہئے۔اردو کا ایک نوجوان صحافی اپنے کوشش سے ان کے مسائل کی عکاسی کرتے ہوئے ان کا حل پیش کر رہا ہے تو اس جانب سنجیدگی سے غور کی ضرورت ہے۔اردو صحافیوں کی نئی نسل کی نمائندگی کرنے

والے نامور صحافی اور مدیر گواہ سید فاضل حسین پرویز نے اپنے تعارفی مضمون ''اردو کو ہر دور میں کامیاب بنانے کی کوشش'' میں کتاب کے مصنف احتشام الحسن مجاہد کو عصری موضوع پر معلوماتی مواد پیش کرنے پر مبارکباد دی ہے۔ اور اردو صحافت کی عہد بہ عہد ہو رہی تبدیلیوں کو خوش آئیند قرار دیتے ہوئے اس امید کا اظہار کیا کہ اردو کے روزنامے جس طرح اپنے آن لائن ایڈیشن شائع کر رہے ہیں اسی طرح بروقت خبروں کی ترسیل کے ویب سائٹ بھی شروع کریں گے۔

کتاب 'سائبر دور میں حیدرآباد کے روزنامے'' کے ابتدائی ابواب میں پس منظر کے طور پر دنیا میں صحافت اور سائبر صحافت کی ابتدا اور اردو میں صحافت اور سائبر صحافت کی ابتداء سے متعلق تحقیقی انداز میں مواد پیش کیا گیا ہے۔ احتشام الحسن مجاہد نے لکھا کے انٹرنیٹ کا آغاز 29 اکٹوبر 1969 کی شام سائینسدان چارلی کلین کی جانب سے لاس اینجلس کی کیلی فورنیا یونیورسٹی سے اسٹانفورڈ ریسرچ سنٹر کو پیغام ارسال کرتے ہوئے کیا گیا۔ انہوں نے لکھا کہ سائبر ایک لاحقہ ہے جس سے سائبر آباد سائبر کرائم اور سائبر ٹیکنالوجی جیسی کمپیوٹر اصطلاحیں وجود میں آئیں۔ دنیا میں کمپیوٹر اور اس سے متعلقہ ونڈوز سافٹ ویر کی عہد بہ عہد ترقی کو احتشام الحسن مجاہد نے انگریزی کتابوں کے مطالعے سے بخوبی اردو میں پیش کیا اور دوسرے باب'' ہندوستان میں سائبر دور کا آغاز'' میں ہندوستان میں کمپیوٹر کی آمد اور اس کی ترقی کا احاطہ کیا گیا۔ احتشام نے لکھا کہ ہندوستان میں کلکتہ میں 1955 میں کمپیوٹر کی آمد ہوئی اور 1988ء میں انٹرنیٹ کا استعمال شروع ہوا۔ اس باب میں ہندوستان میں سائبر ٹیکنالوجی کے فروغ میں عظیم پریم جی اور چندرا بابو نائیڈو کی خدمات کا احاطہ کیا گیا اور بمبئی بنگلور اور حیدرآباد میں سائبر کیفے کے آغاز کی تفصیلات دی گئی ہیں۔ جو انٹرنیٹ کے عام ہونے کی تاریخ پر مشتمل ہیں۔ کتاب کے تیسرے باب ''سائبر ٹیکنالوجی سے قبل حیدرآباد کے اردو اخبارات تاریخ و تجزیہ'' میں ہندوستان اور حیدرآباد میں اردو صحافت کی تاریخ کو پیش کیا گیا۔ اور صحافت کی ترقی سے متعلق اہم مواد پیش کیا گیا۔ حیدرآباد کے ابتدائی اردو روزناموں رہبر دکن اور سیاست کے آغاز کی تفصیلات دی گئی

ہیں۔ کتاب کے چوتھے باب ''سائبر ٹیکنالوجی کی آمد کے بعد حیدرآباد کے اردو اخبارات میں تبدیلیاں۔۔۔ سے کتاب کے اصل موضوع کا آغاز ہوتا ہے جس میں مصنف احتشام الحسن مجاہد نے لکھا کہ اردو صحافت کو سائبر دور سے جوڑنے میں روزنامہ سیاست نے پہل کی اور 15 اگسٹ 1988 سے روزنامہ سیاست دستی کتابت کے بجائے کمپیوٹر کمپوزنگ سے آراستہ ہوکر شائع ہونے لگا۔ اوراس کے لئے دفتر سیاست پر ایک عصری کمپیوٹر اور لیزر پرنٹر خریدا گیا تھا۔ سیاست کے اجراء کے چالیس سالہ جشن کے موقع پر اخبار کو کمپیوٹر طباعت سے ہم آہنگ کرنے کے مشن پر لکھے گئے تبصرے کو کمپیوٹر پر اردو خط تیار کرنے والے اس وقت کے ماہر کمپیوٹر اشعر فرحان فرزند انور معظم و جیلانی بانو اور کمپوزر سید شاہ عبدالقدیر کی نگرانی میں لکھا گیا جس میں اخبار کے مدیر و بانی جناب عابد علی خان نے لکھا کہ ''سیاست چالیس سال بعد کمپیوٹر کی جانب قدم اٹھا رہا ہے۔ اور اللہ کا فضل ہے اور قارئین کے تعاون سے یقین ہے کہ اردو زبان کی مشکلات کے باجود سیاست اس صدی کے تقاضوں کی تکمیل کے لئے دوسری زبانوں کے اخبارات کے قافلہ میں ان کا ہم پلہ رہے گا''۔ عابد علی خان نے اپنے اس اداریے میں نوجوان نسل پر زور دیا کہ وہ تبدیلی کے اس سفر میں اخبار کا ساتھ دیں۔ اردو خط کی تیاری میں حیدرآبادی نوجوان اشعر فرحان اور ان کے ساتھیوں نے اہم کام کیا۔ اردو اخبارات کو کمپیوٹر سے جوڑنے میں اہم کام اردو خط کی تیاری تھی جس پر صاحب کتاب نے تفصیلی روشنی ڈالی چنانچہ وہ لکھتے ہیں کہ ''اردو کمپوزنگ کے لئے اردو سافٹ ویر کی ضرورت تھی جس کی تیاری میں ہندوستان کے علاوہ پاکستان کے چند ماہرین کی خدمات کو اولیت حاصل ہے۔ پاکستان میں انعام علوی کا نام سرفہرست ہے تو ہندوستان میں حیدرآبادی نوجوانوں جاوید، اشعر فرحان اور 3 Octacle Computers کے کرتا دھرتا دونوجوان ایوب اور طارق کے نام اردو سافٹ ویر کے بانیوں میں شمار کئے جاتے ہیں۔'' اردو خط کی تیاری سے اردوان پیج سافٹ ویر کا سفر اور پیج میکر اور دیگر ترقیات کے بارے میں مصنف احتشام الحسن مجاہد نے بے حد قیمتی معلوماتی مواد پیش کیا ہے۔ جو اردو زبان کو کمپیوٹر سے ہم آہنگ

کرنے کی ایک تاریخی دستاویز سے کم نہیں۔ ان پیج کے ساتھ کورل ڈرا۔فوٹو شاپ اور دیگر ضروری سافٹ ویر کی معلومات بھی کتاب کا حصہ ہیں۔ سیاست کے بعدحیدرآباد کے روزناموں رہنمائے دکن منصف وغیرہ میں کمپیوٹر کی آمد کی تفصیلات اور دیگر تبدیلیاں اس باب میں شامل کی گئی ہیں۔کتاب کے اگلے باب میں احتشام نے حیدرآباد سے آن لائن جاری ہونے والے اردو اخبارات کی تفصیل پیش کی ہے۔کتاب کے آخری باب میں سائبر دور میں اردو اخبارات اور صحافیوں کے مسائل پر توجہ دلائی گئی کہ اردو اخبار کے صحافیوں کو انگریزی ٹیلی پرنٹر سے دستیاب ہونے والی خبروں کے ترجمے پر انحصار کرنا پڑتا ہے۔یواین آئی کی اردو سرویس اور پی ٹی آئی کی انگریزی سرویس کی خبروں کی زبان میں فرق پایا جاتا ہے۔سینئیر تجربہ کار صحافی ترجمے پر انحصار کرتے ہیں۔اور وہ کمپیوٹر کے استعمال سے واقف نہیں۔ نئے صحافی کمپیوٹر سے واقف ہیں لیکن ان میں خبروں کی اہمیت اوران کے انتخاب اور ترتیب کا تجربہ نہیں۔ جسے اردو صحافت دور کرنا چاہئے۔اخبارات کے لئے اشتہارات کے تراجم کی مجبوریوں کا بھی ذکر اس کتاب میں ہے۔کتاب کے آخر میں احتشام نے اس امید کا اظہار کیا کہ دیگر زبانوں کی طرح اردو صحافت بھی آن لائن صحافت سے موبائل صحافت کی جانب قدم بڑھائے گی۔ مجموعی طور سائبر ٹیکنالوجی کی معلومات رکھنے والے عصر حاضر کے صحافیوں اور اردو اخبارات کے لئے احتشام الحسن مجاہد کی یہ تصنیف ’سائبر دور میں حیدرآباد کے روزنامے‘‘ معلومات اور صحافتی تاریخ کا اہم دستاویز ہے۔کتاب کی ترتیب میں انگریزی اور اردو کتابوں کے حوالوں انٹرنیٹ سے استفادے اور قدیم اور جدید دور کے صحافیوں کے انٹرویو سے مدد لی گئی ہے۔ایک ایسے دور میں جب کہ قومی کونسل برائے اردو زبان دہلی اور حکومت ہند کی جانب سے اردو کو سیل فون اور کمپیوٹر سے جوڑنے کے لئے جدید سافٹ ویر کا اجراء عمل میں آیا ہے۔اور یونیکوڈ نظام سے ہم آہنگ ہوکر اردو زبان اور اردو صحافت کا مواد ان پیج کی تصویری صحافت سے نکل کر گوگل کے سرچ انجن میں دستیاب ہونے لگا ہے۔احتشام الحسن کی یہ تصنیف اردو سائبر ٹیکنالوجی کے قدیم اور

جدید دور کا سنگ میل ہے۔ جس کے لئے کتاب کے مصنف قابل مبارک باد ہیں۔ انفارمیشن ٹیکنالوجی کو ظاہر کرتے ٹائٹل اور اختراعی نوعیت کی طباعت سے لیس یہ کتاب مصنف سے فون نمبر 9618731875 سے حاصل کی جاسکتی ہے۔

کوئی لوٹادے مرے۔(۔انشایئے)

مصنف: جاوید نہال حشمی

”کوئی لوٹادے مرے۔۔جاوید نہال حشمی صاحب کے انشائیوں کا مجموعہ ہے۔ جو مغربی بنگال اردو اکیڈیمی کے مالی تعاون سے 2021ء میں کولکتہ سے شائع ہوا۔ جاوید نہال حشمی کولکتہ مغربی بنگال سے تعلق رکھنے والے ادیب' مصور' انشائیہ نگار' افسانہ نگار و مائیکرو فکشن نگار ہیں۔ موصوف پیشے سے سائنس کے ایک اچھے استاد ہیں اور کولکتہ کے مدرسہ عالیہ اینگلو پرشین میں خدمات انجام دے رہے ہیں۔ پیشہ تدریس میں جاوید نہال حشمی کی انفرادیت یہ ہے کہ یہ سائنسی موضوعات کو خوبصورت اشکال کے ساتھ اردو میں اچھی طرح سمجھاتے ہیں۔ اسی طرح سافٹ ویر ٹیکنالوجی کے ماہر ہونے کے سبب وہ اپنے اسباق کے دلکش ویڈیوز اردو زبان میں بھی بنا کر سوشل میڈیا پر پیش کرتے رہتے ہیں۔ اردو ادب سے دلچسپی انہیں وراثت میں ملی۔ اور کلکتہ کی ادبی محفلوں میں وہ اپنے افسانے اور مائیکرو فکشن کہانیاں پیش کرتے رہتے ہیں اور دیگر ادبی محفلوں کو بھی رونق بخشتے ہیں۔ سوشل میڈیا پر ان کی دلکش اور حیرت انگیز تصاویر دیکھ کر ڈاکٹر عابد معز صاحب ماہر ضیابطیس اور مزاح نگار نے انہیں مولانا آزاد نیشنل اردو یونیورسٹی حیدرآباد میں منعقد ہونے والی سائنس کانگریس میں مدعو کیا۔ جس میں مسلسل دو سال وہ حیدرآباد آتے رہے اس طرح حیدرآباد میں بھی جاوید نہال حشمی صاحب کا حلقہ احباب وسیع ہوتا گیا۔ وہ شگوفہ کے لیے مضامین اور انشایئے لکھنے لگے۔ سوشل میڈیا اور ادبی رسائل میں لکھنے کے سبب قومی اور عالمی سطح پر اردو کے ادبی حلقوں میں ان کی پذیرائی ہونے لگی۔ سوشل میڈیا پر وہ مائیکرو فکشن کے تحت اپنی مختصر اور منی کہانیوں کے سبب مقبول ہیں۔ ان کی کہانیوں کے انجام دلچسپ اور حیرت انگیز

ہوتے ہیں وہ سماج سے اپنے افسانوں اور منی کہانیوں کے لیے موضوعات لیتے ہیں اور انہیں فن کاری سے پیش کرتے ہیں۔ ساتھ ہی ساتھ وہ انشایئے بھی سوشل میڈیا پر پیش کرتے ہیں ان کی پہلی کتاب ''دیوار'' 2016 افسانوں کا مجموعہ دوسری کتاب ''کلائیڈ واسکوپ'' 2019 مائیکرو فکشن کے بعد اب ''کوئی لوٹا دے مرے۔۔ 2021 انشائیوں کے مجموعے کے ساتھ اردو ادب میں وہ ایک ہمہ جہت قلم کار کے طور پر ابھر رہے ہیں۔ جاوید نہال حشمی کے والد کا نام محمد حشم الدین ہے اس لیے ان کے نام کے ساتھ حشمی لکھا جاتا ہے جب کہ انگریزی میں پڑھ کر لوگ انہیں ہاشمی کہنے لگتے ہیں۔ جس کی تردید انہوں نے بار بار سوشل میڈیا پر کی ہے۔ انشائیوں کے مجموعے '' کوئی لوٹا دے مرے۔۔۔ کے جائزے سے قبل اگر ہم دیکھیں کہ انشائیہ کسے کہتے ہیں تو پتہ چلتا ہے کہ یہ ایک غیر افسانوی صنف نثر ہے جو مغرب سے اردو میں آئی اور جس کے بارے میں ہم کہہ سکتے ہیں کہ انشائیہ ایک ایسا ہلکا پھلکا نثری مضمون ہے جو زندگی کے کسی بھی موضوع پر لکھا جاسکتا ہے۔ اسلوب کی چاشنی، مزاح اور شگفتگی کے ساتھ پیشکشی اس کا اہم وصف ہے۔ وزیر آغا نے انشایئے کے خد وخال پیش کرنے کی کوشش کی ہے لیکن انشائیہ نگار آزاد ہے جیسا چاہے انشائیہ لکھے۔ فرانسیسی مصنف مونٹین نے انشایئے باضابطہ طور پر لکھنے شروع کیے اردو میں ملا وجہی کی سب رس میں انشایئے موجود ہیں۔ انگریزی کے زیر اثر اردو میں انشایئے لکھنے والوں میں نیرنگ خیال کے محمد حسین آزاد کے علاوہ عبدالحلیم شرر، رتن ناتھ سرشار، سجاد حیدر یلدرم، خواجہ حسن نظامی، فرحت اللہ بیگ، ملا واحدی، خلیقی دہلوی، نیاز فتح پوری، مہدی افادی، سجاد انصاری، اشرف صبوحی یوسف بخاری، خواجہ محمد شفیع، آصف علی، مرزا محمود بیگ، مہیشو ر دیال، جاوید وشسٹ، ضمیر حسن دہلوی، مولانا ابوالکلام آزاد، پطرس بخاری، سید عابد حسین، کرشن چندر، فرقت کاکوروی، سید آوارہ، اندر جیت لال، محمد حسن، جوگندر پال مجتبیٰ حسین، رشید احمد صدیقی سلطان حیدر جوش، اختر اورینوی، سید محمد حسنین، سجاد انصاری اور احمد جمال پاشاہ وغیرہ ہیں۔ پاکستان سے تعلق رکھنے والے ہم انشا ئیہ نگاروں میں مشتاق احمد یوسفی داؤد رہبر، جاوید صدیقی، وزیر آغا جمیل آذر، نظر صدیقی، مشکور

حسین یاذ، محمود اختر، اقبال انجم اور شمیم ترمذی وغیرہ ہیں۔ اردو انشائیے کا مزاح سے بھی تعلق ہے۔

جاوید نہال حشمی کی تصنیف ''کوئی لوٹا دے مرے'' کا انتساب کچھ اس طرح ہے کہ ''ان تمام سیاسی ،سماجی، مذہبی و ادبی شخصیات کے نام جن کی حرکتوں اور رویوں نے ذہن میں گدگدی اور انگلیوں میں کھجلی پیدا کی جس کے نتیجے میں یہ فن پارے ظہور پذیر ہوئے''۔ اس انتساب اور انشائیوں کے عنوانات دیکھ کر اندازہ لگتا ہے کہ جاوید نہال حشمی ایک باشعور فنکار اور تخلیق کار ہیں جو اپنے سماج کا گہرائی سے مشاہدہ کرتے ہیں اور اس سے اپنی تخلیقات کے لیے موضوعات اور مواد اکھٹا کرتے ہیں اور انہیں اپنی تخلیقات میں پیش کرتے ہیں۔ کتاب میں شامل انشائیوں کے عنوانات واردات کلبی، ملٹی ٹاسکنگ، کوئی لوٹا دے مرے، بیوی: ایک معتبر شک صیت، زن کی بات، سرگوشیاں، بیچ کا آدمی، لنگی، بریانی ایک ترقی بخش غذا، دنیا سمٹ رہی ہے، ہائے یہ مجبوری، کرائے کے لیے خالی ہے، بت شکن، نام میں کیا رکھا ہے، پولیوشن کا سولیوشن، اٹھیے، اٹھائیے اور اٹھ جائیے، بھوک، گود گودیا، آسانڈ مجھے گائے: ایک تجزیاتی مطالعہ، طلاق ریڈی سیٹ گو، پہلے استعمال کریں پھر وشواس کریں، لت دار، غیر تدریسی اساتذہ ایک جائزہ، ضرورت ہے، کوا، تم سا نہیں دیکھا، لاک ڈاؤن کا مریض، ایک دل جلے کی دعا، جاویدیات، زیرلب اور پیاز چے۔۔

عنوانات کی اس رنگارنگی کو دیکھنے سے اندازہ ہوتا ہے کہ جاوید نہال حشمی اپنے انشائیوں کے عنوانات میں بھی ندرت رکھتے ہیں تاکہ قاری عنوان دیکھ کر چونک جائے اور مکمل انشائیہ پڑھنے کے لیے تیار ہو جائے اور حقیقت بھی یہ ہے کہ ''کوئی لوٹا دے مرے'' کے سبھی انشائیے ایک نشست میں پڑھنے کی دعوت دیتے ہیں۔

کتاب میں اظہار تشکر کے بعد جاوید نہال حشمی نے اپنی بات کے عنوان سے دلچسپ انداز میں اپنی زندگی کے سفر کو بیان کیا ہے۔ مضمون کے آغاز میں ہی وہ چونکا دینے والے ان جملوں سے قاری کو اپنی گرفت میں لے لیتے ہیں کہ ''ایک بیگم یافتہ کے اختیار میں حرف اول تو ہوسکتا ہے حرف آخر قطعی نہیں۔ لہذا جب حتمی فیصلہ کسی اور کے ہاتھ میں ہو تو بندے کو صرف اپنی

بات کہہ کر فیصلہ اپنے سے اوپر والے پر چھوڑ دینا چاہئے۔ میرے اس رویے کو زن سیوا پر محمول نہ کریں گو کہ میں نے حق مہر کے علاوہ اپنی سابقہ اور موجودہ تمام کتابوں کے کاپی رائٹ بھی ان کے حوالے کر دی ہے اور یوں بیوی کے حقوق کی ادائیگی کی جانب گامزن ہوں''۔ جاوید نہال حشمی نے زمانہ طالب علمی اور نوجوانی کے حالات دلچسپ انداز میں بیان کیے کہ لڑکیوں کو ٹیوشن پڑھانے کے دور میں بھی انہوں نے کسی لڑکی کو شادی کے لیے پرو پوز نہیں کیا اور ان کی شادی ارینج میرج ہی ہوئی۔ وہ کہتے ہیں کہ انکی شادی دراصل سائنس سے ہوئی ہے اور ان کا اردو ادب سے معاشقہ پرانا ہے۔ کتاب پر انیس رفیع نے ''جاویدیات نہال حشمی'' کے عنوان سے تعارف پیش کیا ہے اور لکھا کہ جاوید نہال حشمی نے ہمیں تازہ ترین موضوعات کی طرف راغب کرنے کی کوشش کی ہے اور بیگمات سے چھیڑ چھاڑ اور عورتوں کی کھلی اڑا کر مزاح پیدا کرنے کی گھسی پٹی راہ سے بہت حد تک گریز کیا ہے۔ ممتاز مزاح نگار اور ماہر امراض ضیابطیس ڈاکٹر عابد معز صاحب نے ''ملٹی ٹاسکنگ'' فن کار کے عنوان سے جاوید نہال حشمی کے فن پر تبصرہ کیا ہے اور انہیں ایک ہمہ جہت فنکار قرار دیتے ہوئے لکھا کہ ''جاوید نہال حشمی صاحب نئے اور اچھوتے موضوعات پر انشائیے قلم بند کرتے ہیں۔ انشائیوں کے لیے گائے' کوا جیسے نام پرانے ہیں لیکن جاوید صاحب نے ان موضوعات پر اپنے انداز سے لکھا ہے۔ یہ انشائیے پڑھنے سے اندازہ ہوتا ہے کہ وہ کس دور میں لکھے گئے ہیں۔ جاوید صاحب کے لیے ملٹی ٹاسکنگ کی مثال دی جاسکتی ہے''۔ ڈاکٹر مناظر عاشق ہرگانوی نے حشمی اور ان کے انشائیے کے عنوان سے لکھا کہ ''جاوید نہال حشمی کے انشائیوں میں زبان و بیان اور فکری حوالے بے حد مضبوط زرخیز اور کیف پرور ہیں۔ ان کی تحریروں میں الفاظ اور معانی کی صوتیاتی ہم آہنگی فن کو واضح کرتی ہے۔ وہ اکیسویں صدی کے دلوں اور ذہنوں میں جھانک کر محتسب بنتے ہیں۔ تاکہ انشائیہ کی دلفریب لکیریں فطری پن کے ساتھ نئے زاویئے کا مطالعہ بن سکیں۔

انشائیوں کے مجموعے ''کوئی لوٹا دے مرے'' میں شامل پہلے انشائیے کا

عنوان ''ورادت کلبی'' ہے۔ اس انشائیے میں جاوید نہال حشمی نے کتے کو ایک نئے انداز میں موضوع سخن بنایا ہے۔ کتے کے نام سے پطرس بخاری کا مزاحیہ مضمون کافی شہرت رکھتا ہے۔ کتے کے بارے میں لکھتے ہیں ''چوکیداری سے لے کر وفاداری تک ان کے نام کی قسمیں کھانے کے باوجود انسان موقع ملتے ہیں ان کی تحقیر وتضحیک کرنے سے نہیں چوکتا۔ کسی کو چاپلوس کہتے وقت خواہ مخواہ انہیں بیچ میں گھسیاٹا جاتا ہے۔ حالانکہ کتے دم رکھ کر بھی اپنی دم اتنی سرعت و کثرت سے نہیں ہلاتے جتنا انسان بغیر دم کے دم ہلانے کی صلاحیت رکھتا ہے''۔ انشائیہ ملٹی ٹاسکنگ میں حشمی صاحب نے ایک کام میں کئی کاج یعنی ایک ساتھ کئی کام کرنے کی مثال کو مزاحیہ انداز میں پیش کیا اور انسانی فطرت کو واضح کیا کہ نماز میں وہ اللہ کی یاد کے ساتھ کیا کیا کرنے لگتا ہے اس ضمن میں وہ لکھتے ہیں ''بعض اوقات ہم لاشعوری طور پر ملٹی ٹاسکنگ انجام دے رہے ہوتے ہیں۔ مثلاً نماز میں قیام کے دوران روزمرہ کے چھوٹے چھوٹے حساب کتاب با آسانی نپٹائے جاتے ہیں۔ اگر اما صاحب نے سورۃ لمبی کھینچ دی تو کیا کہنے کاروبار کے روزانہ کے خرید وفروخت کا تخمینہ اور نقصان و منافع کا اندازہ بغیر کاغذ قلم کے بہت حد تک مکمل ہو جاتا ہے''۔ انہوں نے بہت سی مثالیں دے کر مزاحیہ انداز میں واضح کیا کہ انسان کس طرح ملٹی ٹاسک کام کرتے رہتا ہے۔ انشائیہ ''کوئی لوٹا دے مرے'' میں گنجے پن کے فائدے اور نقصانات کو مزاحیہ انداز میں بیان کیا گیا ہے جاوید صاحب لکھتے ہیں '' ویسے گنجا ہونے کے کئی فائدے بھی ہیں۔ کیمرہ دیکھتے ہی بال سنوارنے کی عجلت نہیں ہوتی۔ حجام کی دکان میں صرف مفت کا اخبار پڑھ کر بلا جھجھک باہر نکل سکتے ہیں۔ شیمپو، تیل اور کنگھے کی جھنجھٹوں سے یکسر آزادی حاصل ہو جاتی ہے۔ البتہ نہاتے وقت کچھ لوگوں کو مشکل پیش آسکتی ہے کہ صابن ملنا کہاں سے شروع کریں۔'' بیوی ایک معتبر شک صیت'' انشائیہ میں جاوید نہال حشمی نے دنیا کی تمام بیویوں کی شک کرنے کی عادتوں کو مثالوں کے ساتھ واضح کیا اور لکھا کہ شکی بیوی ہی پکی بیوی ہوتی ہے۔ انشائیہ ''زن کی بات'' کا عنوان من کی بات سے اخذ کیا گیا ہے اور مختلف مثالوں کے ذریعے عورتوں کے وجود کو ظاہر کیا گیا ہے۔ مشاعروں

کے بارے میں لکھتے ہیں کہ ''اگر مشاعروں میں زن ناٹا نہ ہوتا تو سناٹا چھا جاتا ہے''۔ المختصر زن کی بات ہی من کی بات ہوتی ہے ورنہ بے من کی بات من سے کون سنتا ہے۔ انشائیہ لنگی میں لنگی کے عمومی و خصوصی فوائد بیان کیئے گیے ہیں ۔ پہلے استعمال کریں پھر وشواس کریں انشائیہ میں ہندوستان میں گائے کے پیشاب کو لے کر جو ماحول پیدا کیا جارہا ہے اس پر طنز کیا گیا ہے۔ انشائیہ کوا میں کووں کی مختلف خصلتوں کو مزاحیہ انداز میں اجاگر کیا گیا ہے لاک ڈاؤن کا مریض میں ایک ایسے شوہر کا حال بیان کیا گیا ہے جو مسلسل گھر میں رہتے ہوئے واشنگ مشین کی گڑگڑاہٹ کو ہیلی کاپٹر یا ڈرون سمجھنے لگتا ہے۔ جاویدیات میں جاوید نہال حشمی نے مختلف جملوں کے ذریعے مزاح پیدا کیا ہے جیسے'' اکثر سننے میں آتا ہے کہ قانون کے ہاتھ بہت لمبے ہوتے ہیں۔ مگر اسے لمبا ہونے میں بعض اوقات اتنا لمبا عرصہ لگتا ہے کہ کئی مجرم ایک لمبی زندگی گزارنے کے بعد خود ہی لمبا لیٹ ہو جاتے ہیں''۔ پرچہ سوالات میں مزاح کے طور پر جاوید نہال حشمی نے کچھ مزاحیہ سوالات تیار کیے ہیں ۔ نیوز چینل اینکروں کے بارے میں لکھتے ہیں'' نیوز اینکر بہترین کمانڈران چیف ثابت ہو سکتے ہیں اس قول کی روشنی میں کسی دو نیوز اینکرس کے کردار کا تنقیدی جائزہ پیش کیجئے۔ پیازچے کے عنوان سے پیاز کی مہنگائی پر طنزیہ جملے لکھے ہیں جیسے'' ہمارے ہاں کیش، چیک، کریڈٹ کارڈ کے علاوہ پیاز سے بھی ادائیگی کی جاسکتی ہے''۔ ہر پانچ سو روپے کی خریداری پر ایک پیاز مفت جلدی کریں آفر اسٹاک رہنے تک۔

اس طرح جاوید نہال حشمی نے اپنی تصنیف ''کوئی لوٹا دے مرے'' کے انشائیوں اور دیگر صفحات پر اپنی تحریر کی شگفتگی اظہار خیال کی برجستگی اور ندرت کے کئی نمونے پیش کیے ہیں۔ جس طرح اودھ پنچ کے مضامین میں ایک قسم کی دلچسپی اور ندرت پائی جاتی تھی اسی طرح جاوید نہال حشمی کی تحریروں میں ایک قسم کا پنچ اور خوبصورت وار محسوس ہوتا ہے وہ دنیا کے حوادث اور تجربات کو محسوس کرتے ہیں اور انہیں اپنے منفرد انداز میں پیش کرتے ہیں انہوں نے اپنے خیالات کی پیشکشی کے لیے نادر تشبیہات کا استعمال کیا ہے۔ انہوں نے نئی تراکیب وضع کی ہیں

اور انہیں دلچسپی سے اس انداز میں برتا ہے کہ کوئی بات کہیں سے مستعار لی گئی لگتی ہے لیکن یہ مصنف کی اپنی بات لگتی ہے۔ امید کی جاتی ہے کہ جاوید نہال حشمی کے انشائیوں کی یہ کتاب ادبی حلقوں میں مقبول ہوگی۔ 208 صفحات پر مشتمل اس کتاب کی قیمت صرف 150 روپے رکھی گئی ہے۔ مصنف نے اس کتاب کی تزئین و کتابت خود کی ہے۔ یہ کتاب ان سے فون نمبر 9830474661 پر رابطہ کر کے حاصل کی جاسکتی ہے۔

نام کتاب : طلبہ کے تین دشمن

مصنف : فاروق طاہر

اردو میں تعلیمی نفسیات پر معلوماتی مضامین لکھتے ہوئے جوقلم کاران دنوں پرنٹ و الیکٹرانک میڈیا میں مشہور ہیں وہ جناب فاروق طاہر صاحب متوطن حیدرآباددکن ہیں جن کے تعلیمی نفسیات پر اردوزبان میں لکھے گئے معلوماتی واصلاحی مضامین اردواخبارات ورسائل اور قومی و بین الاقوامی ویب سائٹس پر شائع ہورہے ہیں۔ فاروق طاہر پیشے سے معلم ہیں۔ اور سائنس وآرٹس مضامین میں پوسٹ گرائجویشن کی ڈگریاں رکھنے کے ساتھ ساتھ قانون کی ڈگری بھی رکھتے ہیں۔ اوران دنوں حیدرآباد سے شائع ہونے والے اردوروزنامہ منصف کے ایڈیشن ''نئی منزلیں نئے قدم'' بروز ہفتہ کے علاوہ سہ روزہ دعوت نئی دہلی' جنگ پاکستان اردوڈائجسٹ لاہوراور دیگراخبارات ورسائل میں پابندی سے شائع ہوکراردوحلقوں میں مقبول ہورہے ہیں۔ تعلیمی نفسیات کے موضوع پران کی دوکتابیں موثر تدریس اورالمعلم شائع ہوچکی ہیں اوران کے مضامین کا تیسرا مجموعہ ''طلباء کے تین دشمن'' کے نام سے شائع ہوا ہے۔اس مجموعے کی رسم اجرا تقریب 30 ڈسمبرکوسالارجنگ میوزیم سمینار ہال حیدرآباد میں منعقد ہوئی۔مولانا آزادقومی اردو یونیورسٹی کے وائس چانسلرڈاکٹرمحمداسلم پرویز نے کتاب کارسم اجراانجام دیا۔تقریب میں پروفیسر وہاب قیصر' ڈاکٹر عابد معز' پروفیسر فاطمہ پروین' ڈاکٹر اسلام الدین مجاہد' خالد قیصری اور اسلم فرشوری نے فاروق طاہر کی مضمون نگاری پراپنے گراں قدرخیالات کا اظہارکیا۔طلباء کے تین دشمن کتاب میں فاروق طاہر صاحب کے تعلیمی نفسیات پر لکھے گئے مضامین طلبہ کے'' تین دشمن' طلبہ خوف کا ہرگزغم نہ کریں' طلبہ کا تناؤ پرقابو' عظیم کامیابیوں کا سرچشمہ' مایوس نہ ہوں امید کی جلومیں' سستی ایک دلکش دشمن' تعمیر حیات اورقوت فیصلہ' آرائش زندگی میں تنظیم وترتیب کی

اہمیت، تساہل چھوڑیئے اب وقت عمل ہے، طلبہ کامیابی کے لئے سونا اور جاگنا بھی سیکھیں، ذہنی تحدیدات خودی میں ڈوب کے پاجا سراغ زندگی، غصہ ہو اگر قابو تو طاقت ورنہ تذلیل کا ساماں، احساس کمتری کوئی برا نہیں قدرت کے کارخانے میں وغیرہ شامل ہیں۔ مضامین کے عنوانات سے اندازہ ہوتا ہے کہ فاروق طاہر کو تعلیمی نفسیات پر عبور حاصل ہے اور اردو میں انہوں نے اپنے مطالعے کو اسلامی فکر کے ساتھ پیش کیا ہے۔ کتاب کے پیش لفظ میں انہوں نے تعلیمی نفسیات کی اہمیت اجاگر کرتے ہوئے فروبل کا یہ قول نقل کیا ہے کہ ''استاد ایک باغبان، بچہ ایک پودا اور اسکول کی حیثیت ایک باغ کی ہوتی ہے''۔ موجودہ تعلیمی منظر نامہ صرف معلومات کی فراہمی اور انہیں امتحان کے ذریعے دوبارہ پیشکشی پر کامیابی ہی رہ گیا ہے۔ جب کہ اچھی تعلیم وہی کہلاتی ہے جو انسان کو عمل پر راغب کرے اور انسان کی کردار سازی کے ساتھ سماج کی تعمیر ہو۔ آج تعلیم تجارت ہوگئی ہے اور اس تجارت میں سرمایہ دار طبقہ اپنا سرمایہ لگا کر اس سے دگنا تگنا وصول کرنا چاہتا ہے اس لئے اقدار تعلیم سے دور ہوتے جا رہے ہیں اسی کے ساتھ ساتھ اساتذہ کی تعلیمی نفسیات سے عدم واقفیت یا عدم دلچسپی سے طلباء کے ساتھ غلط برتاؤ اور تعلیم کے تئیں طلباء کی بے رخی والدین اور سماج کی جانب سے طلباء پر بڑھتے دباؤ کے سبب بھی طلباء پر تعلیم کے نام پر تناؤ اور کشمکش عام ہے۔ پھر تعلیم کے ساتھ اقدار چلے جائیں تو ایسی تعلیم صرف ڈگریوں کے حصول تک رہ جائے گی اس سے فرد اور سماج کو فائدہ نہیں ہوگا۔ ان حالات میں اسلامی فکر اور حالات حاضرہ کا تنقیدی جائزہ لیتے ہوئے موضوع تعلیم کے مغربی افکار کو اردو میں سنجیدہ اور رواں انداز میں مسلسل پیش کرنے کا اہم فریضہ فاروق طاہر پیش کر رہے ہیں۔ اپنی کتاب کی اشاعت کی غرض بیان کرتے ہوئے کتاب کے پیش لفظ میں فارق طاہر لکھتے ہیں کہ ''طلبہ کے تین دشمن کے ذریعے جہاں طلبہ کو متحرک کرنے کی کوشش کی گی ہے وہیں والدین اور اساتذہ کو جدید تعلیمی نفسیات کی روشنی میں تعلیم و تربیت کے زرین اصولوں سے بھی آگاہ کیا گیا ہے۔ اس کتاب کے ذریعے اس بات کو بھی اجاگر کرنے کی کوشش کی گئی ہے کہ جدید تعلیمی نفسیات کے عنوان پر جو کچھ

اچھے اور مثبت نظریات پیش کیئے جارہے ہیں وہ سب اسلامی تعلیمات سے اخذ شدہ ہوں۔ بیشک نبی اکرم صلی اللہ علیہ وسلم کا اسوہ ہر انسان کے لئے ایک کامل نمونہ ہے''۔ڈاکٹر مشتاق احمد آئی پٹیل پروفیسر شعبہ تعلیمات اردو یونیورسٹی ''حرف چند'' کے عنوان سے کتاب پر تبصرہ کرتے ہوئے لکھتے ہیں کہ'' دنیا کو فتح کرنے کے لئے اپنی ذات کو فتح کرنا بے حد ضروری ہوتا ہے۔''طلبہ کے تین دشمن''، تسخیر ذات کے ذریعے تسخیر کائنات کا ایک بے مثال فارمولہ ہے۔۔ فاروق طاہر کے قلم سے نکلی یہ تحریریں ملت کی تعمیر میں ان شاء اللہ بہت مفید وسودمند ثابت ہوں گی۔قوم وملت کی تعمیر میں سنجیدگی سے مصروف فاروق طاہر جیسے اساتذہ کی موجودگی ملت کی تعمیر اور درخشاں مستقبل کی میری امیدوں کو مزید روشن کردیتی ہیں''۔ڈاکٹر عابد معز مشیر اردو مرکز برائے فروغ علوم اردو یونیورسٹی و نامور مزاح نگار''حرف ادراک'' کے عنوان سے فاروق طاہر کی کتاب''طلبہ کے تین دشمن'' پر تبصرہ کرتے ہوئے رقم طراز ہیں کہ''تعلیم وتربیت درس وتدریس اور رہنمائی اور رہبری کے تلخ گوشوں پر فاروق طاہر نے اپنے قلم سے جس طرح روشنی ڈالی ہے اس سے یہ بات مترشح ہے کہ ہمارے تعلیمی اداروں میں ابھی ایسے باکمال' اعلیٰ صلاحیتوں کے افراد موجود ہیں جو ہر گھڑی طلبہ کے بہتر مستقبل کے لئے فکر مند رہتے ہیں''۔

'طلبہ کے تین دشمن'' کتاب کا پہلا مضمون بھی اسی عنوان پر ہے۔ فارق طاہر نے اس کتاب کی تزئین خود کی ہے اور ہر مضمون کے پہلے صفحہ پر موضوع کی مناسبت سے قرآنی آیت کا حوالہ' حدیث یا دعا پیش کی ہے۔ چنانچہ اس مضمون کی مناسبت سے فاروق طاہر نے خطبہ نکاح کے دوران پڑھی جانے والی حدیث کا ایک جملہ'' ہم اپنے نفس کی شرارتوں اور اپنے اعمال کی برائیوں سے اللہ تعالیٰ کی پناہ چاہتے ہیں'' پیش کیا ہے۔ تعلیم ہو یا زندگی کا کوئی بھی عمل اگر ہماری نظر اپنے اسلامی سرمائے پر نہ ہو تو ہم حقیقی کامیابی حاصل نہیں کرسکتے۔ فارق طاہر صاحب نے یہ جدت کی کہ تعلیمی نفسیات جیسے صریح سائنسی مضمون کو انہوں نے اسلامی فکر کے پس منظر میں سمجھنے اور سمجھانے کی کوشش کی ہے اور اس میں وہ بڑی حد تک کامیاب ہیں۔ طلبہ کے تین دشمن کی

وضاحت کرتے ہوئے انہوں نے فطری جبلتی دشمن جیسے خوف' تناؤ' احساس مایوسی ومحرومی وغیرہ۔ حاصل کردہ دشمن جیسے غصہ' ذہنی تحدیدات اور احساس کمتری اور دلکش وخوش نما دشمن جیسے سستی' کاہلی اور تنظیم وترتیب کے فقدان کو پیش کیا ہے۔ ان مسائل کی نشاندہی کے بعد فارق طاہر ماہرین تعلیم کے تجربات ہماری تہذیبی زندگی کے واقعات اور قرآن وحدیث کی ہدایات سے ان مسائل کا حل پیش کرتے ہیں۔ طلباء کو وقت کی قدر کرنے کا مشورہ دیتے ہوئے اس مضمون میں فارق طاہر لکھتے ہیں کہ ''طلبہ ایام طالب علمی میں صرف حصول علم کو مدنظر رکھیں فضول اور لایعنی افعال سے اجتناب کریں اگر یہ زمانہ خرافات کی نظر ہو گیا تب دنیا کی کوئی بھی طاقت ان کو ذلت و رسوائی اور ناکامی سے نہیں بچا سکتی۔ حصول علم میں وقتی آرام وآسائش لطف وسرور بہت بڑی رکاوٹ ہوتے ہیں اگر طلبہ ان رکاوٹوں سے خود کو بچانے میں کامیاب ہو جاتے ہیں تب ان کو مستقبل کی تمام خوشیاں اور راحتیں میسر آتی ہیں۔۔۔ طلبہ کے لئے ضروری ہے کہ وہ وہ سنت اللہ اور قانون فطرت کا احترام کریں اور ہر پل اپنے آپ کو اللہ کے بتائے ہوئے راستے پر گامزن رکھیں۔ اگلے مضمون میں طلبہ میں خوف آنے کی وجوہات بیان کرنے کے بعد اسے دور کرنے کی ترغیب دیتے ہوئے فاروق طاہر لکھتے ہیں کہ ''طلبہ صرف ہاں کہنے کی عادت نہ ڈالیں بلکہ نہ کہنا بھی سیکھ لیں''۔ انہوں نے لکھا کہ اپنی کمزوریوں کو پہچاننا اور چھوٹی چھوٹی کمزوریوں سے بڑی کمزوریوں تک قابو پانے کا مسلسل عمل کرنا ضروری ہے۔ تناؤ پر قابو پانے پر مبنی مضمون کے ذیل میں انہوں نے قرآن کی آیت ''الا بذکر اللہ تطمین القلوب'' (یاد رکھو اللہ کے ذکر سے ہی دلوں کو تسلی حاصل ہوتی ہے'')۔ کی نشاندہی کرتے ہوئے مضمون کی تفصیلات پیش کی ہیں۔ تناؤ عہد حاضر کی بڑی روحانی بیماری ہے جس کا بدترین انجام خودکشی کی لعنت ہے۔ انسان معاشرے کے بڑھتے تقاضوں کو اپنے آپ پر زبردستی لاگو کرتے ہوئے ان تقاضوں کی عدم تکمیل پر تناؤ کا شکار ہو جاتا ہے۔ انسان جب یہ سوچنے لگے کہ حالات تو آتے ہیں لیکن ان حالات سے نکلنے کے لئے جہد مسلسل کے ساتھ اللہ پر بھروسہ رکھنا ضروری ہے تب تناؤ سے چھٹکارا پایا جاسکتا ہے۔ چنانچہ

فاروق طاہر طلبہ کو مشورہ دیتے ہیں کہ وہ اپنی تعلیم اور پڑھائی پر سنجیدگی سے توجہ مرکوز کریں اور نتائج کو اللہ کے سپرد کردیں۔ طلبہ کا ایمان ویقین اس وقت اکسیر کا کام کرتا ہے۔ مایوس نہ ہوں امید کی جلو میں مضمون کے تحت قرآن کی آیت ''لا تقنطو من رحمت اللہ'' (اللہ کی رحمت سے مایوس نہ ہوں) کو پیش کیا گیا ہے۔ مایوسی کی علامات بیان کرتے ہوئے فاروق طاہر نے لکھا کہ طلبہ کسی بھی ناگہانی اور خراب صورتحال کے لئے خود کو مورد الزام گردانتے ہیں۔ اس کے علاوہ جسمانی شکایات کے اوہام جیسے مسلسل درد' پیٹ کے درد کی شکایت طلبہ اور بڑوں میں احساس ناامیدی اور مایوسی پیدا کرتی ہے۔ محبت وشفقت سے محرومی' امتحان میں ناکامی اعلی نشانات رینک اور گریڈ کے حصول میں ناکامی طلبہ کو ذہنی اذیت سے دوچار کرنے کے ساتھ ناامیدی و مایوسی کا بھی شکار کردیتی ہے۔ مایوسی کے علاج کے لئے فاروق طاہر طلبہ کو مشورہ دیتے ہیں کہ وہ مثبت سوچ کو اپنائیں۔ اساتذہ سے اپنے مسائل پر گفتگو کریں۔ ہمیشہ مصروف رہنے کی کوشش کریں۔ مقام کی تبدیلی' سیر وسیاحت' کھیل کود اور ہلکی ورزش بھی مایوسی کو دور کرنے میں معاون ثابت ہوتی ہے۔ فاروق طاہر نے مختلف مثالوں اور واقعات کے مدد سے مایوسی کی کیفیات اور اس سے بچنے کی تدابیر بیان کی ہیں۔ سستی اور کاہلی سے بچنے کے ضمن میں فاروق طاہر نے پھلوں کے استعمال اور گھر پر بنی سادہ اور تغذیہ بخش غذاؤں کے استعمال اور حرکت وعمل کی ترغیب دی ہے۔ تعمیر حیات اور قوت فیصلہ مضمون میں فارق طاہر نے نوجوانوں میں فیصلہ سازی کے فقدان اور خود کے فیصلے لینے کی صلاحیت کو پروان چڑھانے کی ضرورت پر زور دیا ہے۔ حالات وتجربات کا مشاہدہ اور اساتذہ اور بزرگوں سے مشورے کے ساتھ ساتھ انہوں نے نوجوانوں کو ترغیب دی کہ وہ مثبت سوچ کے ساتھ فیصلے کریں اور ان پر جہد مسلسل کے ساتھ کام کریں تو نتائج اچھے حاصل ہوں گے اگر ناکامی ہو بھی تو اس سے تجربات حاصل کریں۔ کتاب کے دیگر مضامین بھی طلباء کے مسائل اور ان کے حل پر مرکوز ہیں۔ کتاب چونکہ طلباء کے مسائل سے متعلق ہے اس لئے اس میں والدین اور اساتذہ کا تذکرہ ضمنی طور پر کیا گیا ہے۔ فارق طاہر نے اپنے موضوع کو بیان کرنے

کے لئے اشکال اور جدول بھی پیش کئے ہیں ۔ان مضامین کی تیاری کے لئے انہوں نے مطالعہ قرآن کو اہمیت دی اور دیگر اسلامی کتابوں' مختلف تفاسیر قرآن سیرت النبی ﷺ کی کتابوں اور تعلیمی نفسیات پر اردو اور انگریزی کتابوں سے استفادہ کیا ہے۔جس سے ان کے گہرے مطالعے کا اندازہ ہوتا ہے۔کتاب کے پچھلے ٹائٹل پر نذیر الحسن کراچی کا تعارفی مضمون کتاب کی زینت میں اضافہ کرتا ہے۔فاروق طاہر کی یہ کتاب طلباء کے لئے انتہائی مفید ہے۔ایک ایسے دور میں جب کہ طلباء اردو زبان سے نابلد ہیں اور اپنی نصابی کتابوں کو ہی مکمل طور پر نہیں پڑھ رہے ہیں فاروق طاہر کی اس کتاب سے طلبہ کے استفادے کے لئے ضروری ہے کہ تمام اساتذہ اس کتاب کے مضامین کو کمرہ جماعت میں با آواز بلند پڑھوائیں اور اس کے مشمولات پر طلبہ کے اشکالات اور رائے کو حاصل کریں۔فاروق طاہر صاحب سے میں نے کہا تھا کہ اخبار کی عمر ایک دن ہوتی ہے اور بہت سے گھروں میں اخبار نہیں آتے اس لئے عصری تقاضوں کے مدنظر ان مضامین کو انٹرنیٹ کے بلاگ پر پیش کیا جائے اور ممکن ہو تو ان مضامین کے آڈیو یوٹیوب پر بھی پیش کریں تا کہ طلبہ کہیں بھی اپنے اسمارٹ فون پر ان مضامین کے اندر پوشیدہ باتوں کو سن کر سمجھتے ہوئے اپنے زندگی میں عمل کر سکیں۔تمام اساتذہ برادری کی ذمہ داری ہے کہ اس کتاب کو اور فاروق طاہر کے مضامین کو طلبہ تک پہونچائیں۔تعلیمی اداروں میں ہونے والے انعامی مقابلوں میں اس طرح کی کتابیں طلبہ میں انعام کے طور پر دی جائیں۔اور طلبہ سے بھی ان موضوعات پر مضامین لکھنے کی ترغیب دلائی جائے۔تعلیمی نفسیات پر آسان اردو میں کتاب 'طلبہ کے تین دشمن'' کی اشاعت اور مضامین کی اشاعت پر مصنف فاروق طاہر کو مبارک باد پیش ہے۔کتاب کی اشاعت ہدی پبلیکیشنز حیدرآباد نے انجام دی ہے۔اغلاط سے پاک کتابت' عمدہ طباعت' آئی ایس بی این نمبر کے ساتھ شائع ہونے والی اس اہم کتاب کی قیمت 120/. روپئے رکھی گئی ہے جو مصنف کے فون نمبر 9700122826' ہدی بک ڈپو پرانی حویلی اور دیگر مقامات سے حاصل کی جاسکتی ہے۔

نام کتاب : حرف سخن

شاعر : جمیل نظام آبادی

غزل کو اردو شاعری کی آبرو کہا گیا ہے۔ اور اس آبرو کو بڑھانے اور غزل کے گیسو سنوارنے کا کام ہر دور میں اردو شعرا نے کیا ہے۔ اردو غزل کا سفر آج بھی جوش وخروش سے جاری ہے اور بلا لحاظ مذہب وملت' زبان اور تہذیب اردو غزل نے اپنے تغزل اور بانکپن سے لوگوں کا دل جیتا ہے۔ اردو غزل کے کارواں میں روایت کی پاسداری کرنے اور عصری حسیت کا امتزاج رکھنے والے ایک اہم شاعر جمیل نظام آبادی ہیں۔ جمیل نظام آبادی جنوبی ہند کے علاقہ تلنگانہ کے شہر اردو' نظام آباد سے اٹھنے والی اردو غزل کی ایک معتبر آواز ہے۔ اپنی غزلوں پر مشتمل چھٹے شعری مجموعے ''حرف وسخن'' کے ساتھ پیش ہو رہے ہیں۔ اس سے قبل ان کے دیگر شعری مجموعے ''سلگتے خواب'' 1978 ''تجدید آرزو'' 1985ء، صبر جمیل 1993ء دل کی زمین 2004ء' سب سخن میرے' 2009ء شائع ہو کر ادبی حلقوں میں مقبول ہو چکے ہیں ساتھ ہی نثری مجموعہ ''حروف جمیل'' 2006ء شائع ہوا ہے۔ وہ گذشتہ چالیس سال سے ادبی رسالہ ''گونج'' بھی نکال رہے ہیں۔ جو ان کی ادبی صحافت کی پختہ کاری کو ظاہر کرتا ہے۔ اور اپنے دعوی

اور پھیلوں گا جو لوٹاؤ گے آواز میری اتنا گونجوں کا

صدیوں کو سنائی دوں گا

کے مصداق بڑی آب وتاب کے ساتھ اردو ادب کی خدمت کر رہا ہے۔

جمیل نظام آبادی کے سابقہ اور موجودہ شعری مجموعے کے مطالعے سے واضح ہوتا ہے کہ وہ اردو غزل کی رسمیات سے واقف ہیں۔ اور عشق کے روایتی بیان کے ساتھ عصر حاضر کے مسائل سے آگاہ ہیں۔ وہ اپنے عہد کے ترجمان ہیں۔ انہوں نے عہد کے نشیب و فراز کا گہرا مطالعہ کیا اور انہیں اپنے اشعار میں ڈھالا۔ زندگی کا مطالعہ جمیل نظام آبادی کی شاعری کا اہم وصف ہے۔ ادب کو زندگی کا ترجمان کہا گیا ہے۔ شاعر اپنے عہد کی پیداوار ہوتا ہے۔ وہ ایک تخلیق کار ہوتا ہے۔ عام آدمی سے اوپر اٹھ کر وہ زندگی کے تجربات کو محسوس کرتا ہے اور انہیں شعر کے سانچے میں ڈھالتا ہے۔ جمیل نظام آبادی کی مخصوص لفظیات بھی انہیں صاحب طرز شاعر بناتی ہے۔ ان کے کلام میں زندگی' پتھر' آئینہ' دریا' سمندر جیسے الفاظ استعاروں کے طور پر استعمال ہوئے ہیں اور ان کی شناخت بن گئے ہیں۔ خود شاعر نے زندگی کے نشیب و فراز دیکھے ہیں اور اس کا اثر محسوس کیا ہے تب ہی تو زندگی کا بیان ان کی شاعری پر چھایا ہوا دکھائی دیتا ہے۔ ملاحظہ ہو ''حرف وسخن'' سے جمیل صاحب کے زندگی سے متعلق کچھ اشعار۔

اپنے وعدے پہ میں قائم ہوں ابھی تک مگر
زندگی تو نے مرا ساتھ نبھایا ہی نہیں

کھلی کتاب سی ہے زندگی مگر پھر بھی
اسے پڑھانے میں پڑھنے میں اک زمانہ لگے

جانتے ہیں ہم یہ کتنی قیمتی ہے دوستو
زندگی مشکل سہی پر زندگی ہے دوستو

لوگ اوب جاتے ہیں چار دن کے جینے سے
ہم گزار آئے ہیں زندگی قرینے سے

بے بھروسہ ہے بے وفا ہے تو

زندگی تجھ سے پیار مشکل ہے

جمیلؔ صاحب نے پتھر کے استعارے کو زندگی کی مشکلات اور مسائل کے طور پر استعمال کیا ہے۔ اور زندگی کا مثبت نظریہ رکھتے ہوئے انہوں نے مسائل کا عزم و حوصلے کے ساتھ سامنا کرنے کی بات کی ہے۔ ورنہ اکثر لوگ حالات کا شکوہ کرتے ہیں اور مایوسی کا اظہار کرتے ہیں جب کہ جمیلؔ صاحب نے اپنی شاعری کے ذریعے سماج کو روشنی دکھائی ہے اور لوگوں کو حالات کا سامنا کرنے کے لئے تیار کیا ہے۔ پتھر سے متعلق جمیلؔ صاحب کے اشعار ملاحظہ ہوں:

عزم و ہمت اور جوانی دیکھئے
ہو گیا پتھر بھی پانی دیکھئے

ہر بار لگا آ کے ترے ہاتھ کا پتھر
ٹوٹا ہی نہیں پھر بھی مری ذات کا پتھر

تم کو بننا ہے تو بن جایئے پتھر والے
ناز ہے ہم کو کہ ہم لوگ تو ہیں سر والے

لوگ پتھر اٹھائے پھرتے ہیں　　　اور ہم سر اٹھائے پھرتے ہیں

جمیلؔ نظام آبادی کی شاعری میں حالات کے کرب کے بیان کے ساتھ حسن و عشق کے روایتی موضوعات بھی فنکاری کے ساتھ ملتے ہیں۔ اور اس بیان میں شاعر کا اسلوب عاشقانہ ماحول پیدا کر دیتا ہے۔ جمیلؔ صاحب کہتے ہیں۔

نام مہندی سے لکھا لکھ کے مٹایا ہی نہیں
ایسا لگتا ہے مجھے اس نے بھلایا ہی نہیں

اس کی باتیں مرے کانوں میں ابھی بجتی ہیں

اس نے کاندھوں پہ رکھا سر تو اٹھایا ہی نہیں
میں اکیلا ہی چلا پیار کی راہوں پہ جمیل
دو قدم ساتھ مرے کوئی بھی آیا ہیں نہیں

عشق اردو غزل کا اہم موضوع رہا ہے۔اور یہ مجاز سے حقیقت تک سفر کراتا ہے۔جمیلؔ نظام آبادی جیسے پختہ کار شاعر نے بھی اس موضوع کو اپنے انداز میں پیش کیا ہے۔اور قاری کو اپنے ساتھ عشق کے صحرا کی سیر کرائی ہے وہ کہتے ہیں:

محبت تری دنیا کا عجب دستور ہوتا ہے
جو دل کے پاس ہوتا ہے نظر سے دور ہوتا ہے
اک پل بھی قرار مشکل ہے
دل پہ اب اختیار مشکل ہے
عشق میں تیرے اگر خاک ہوا ہوں میں بھی
ہاں مگر صاحب ادراک ہوا ہوں میں بھی

شاعر عشق حقیقی میں ڈوبا ہوا ہے۔اور وہ اپنے خالق کی قدرت کو پہچانتا ہے۔اور اپنے سچے رہبر و ہادی حبیب ﷺ کے سراپا کے بیان کو اپنا جزوِ ایمان سمجھتا ہے۔چنانچہ جمیلؔ صاحب کی غزلوں میں جا بجا حمدیہ و نعتیہ اشعار بھی ملتے ہیں۔ جیسے:

ہواؤں پر بھی حکومت چلا رہا ہے کوئی
سمندروں میں بھی رستے بنا رہا ہے کوئی
وگرنہ دیکھئے میری بساط ہی کیا ہے
میں لکھ رہا ہوں مسلسل لکھا رہا ہے کوئی

ایسا پر نور سراپا تھا مرے آقا کا

جن کا پرتو نہیں جن کہیں سایا ہی نہیں

جمیلؔ صاحب کے اکثر اشعار حالات حاضرہ کی تصویر کشی کرتے ہیں۔اور قاری کو شعر پڑھتے ہیں ساری کیفیت معلوم ہو جاتی ہے۔جیسے

میں کیسے مان لوں ہندوستان سونے کی چڑیا ہے
مرے بچے کے ہاتھوں میں مٹی کا کھلونا ہے
ایسے بھی لوگ ہیں جو بھوک سے بلکتے ہیں
اور کچھ تو ایسے ہیں کھیلتے ہیں ہیروں میں
دیکھو تو فلسطین کا وہ ننھا سپاہی
پتھر ہے کوئی ہاتھ ہتھیار نہیں ہے
دس بیٹوں کو پالا ہے جواں میں نے کیا ہے
اب کوئی مجھے پالنے تیار نہیں ہے
اپنی بہو کے بارے میں کہنا نہیں مجھے
مجھ کو یہ کہنا ہے مرا بیٹا بدل گیا ہے

جمیلؔ نظام آبادی نے اپنے اشعار میں کہیں کہیں تلمیحات بھی استعمال کی ہیں اور سارے تاریخی واقعہ کو ایک لفظ میں بیان کیا ہے وہ کہتے ہیں:

اس سفر نے سمت دی ہے تاریخ اسلام کو
وہ بہتر ۷۲ ناتواں بھوکوں کا پیاسوں کا سفر

چھوٹی بحر میں جمیلؔ صاحب نے روانی کے ساتھ اپنی بات پیش کی ہے۔اور ان کی اس طرح کی غزلوں میں ترنم کا بھی احساس ہوتا ہے۔

لوٹ آیا نہیں ہرا موسم　　　چھوڑ کر جو گیا گیا موسم

یہ میرا حوصلہ میرا ارادہ ہے　　　　مرے رستے میں سایہ کر رہا ہے
روشنی کی کسے ضرورت ہے　　　　بے سبب گھر جلا کے پچھتائے
ایک پل بھی قرار مشکل ہے　　　　دل پہ اب اختیار مشکل ہے

مجموعی طور پر جمیلؔ نظام آبادی کا یہ شعری مجموعہ غزل کے شائقین کے لئے بیش قیمت ادبی سرمایے سے کم نہیں۔ کلام میں روانی اور الفاظ کا برمحل اور مناسب استعمال شاعر کے کمال کا غماز ہے۔ اس شعری مجموعے میں شاعری کی دیگر اصناف نظم۔ رباعی وغیرہ کی کمی محسوس ہوتی ہے۔ لیکن یہ بھی ایک سلیقہ ہے کہ ایک مجموعہ صرف غزلوں پر مشتمل ہو۔ ''حرف وسخن'' کی اشاعت پر میں جناب جمیلؔ نظام آبادی صاحب کو مبارک باد پیش کرتا ہوں۔ اور امید کرتا ہوں کہ اچھی شاعری کے چاہنے والے اس مجموعہ غزل کا خیر مقدم کریں گے۔ اور یہ بھی امید ہے کہ جمیلؔ صاحب کی شاعری کا سفر یوں ہی جاری رہے اور وہ اپنی غزل کائنات سے اردو شاعری کا دامن وسیع کرتے رہیں۔

نام کتاب : گٹھلیوں کے دام

شاعر : بیلن نظام آبادی

نظام آباد اُردو شعروادب کی آبیاری کے اعتبار سے ایک ذرخیز زمین ہے۔ شہر اردو حیدرآباد کے بعد یہ علاقہ تلنگانہ کا دوسرا بڑا اُردو مرکز ہے۔ شہر نظام آباد میں آزادی کے بعد سے اُردو کی کافی ترقی ہوئی۔ اردو شاعروں کا انعقاد، اردو کی ادبی محفلیں' اُردو ذریعے تعلیم کے مراکز اور اُردو اخبارات کے اجراء سے یہاں اُردو کا ماحول بنا ہوا ہے۔ لوگوں میں اُردو ادب اور خاص طور سے اُردو شاعری کا ذوق ہے۔ یہی وجہہ ہے کہ یہاں آئے دن چھوٹے بڑے سنجیدہ ومزاحیہ مشاعرے ہوتے رہتے ہیں۔ جن میں کلام سناتے ہوئے کئی شعراء نے قومی وبین الاقوامی شہرت حاصل کی۔ نظام آباد سے ابھر کر بین الاقوامی سطح پر اپنی شناخت بنانے والے ایسے ہی ایک شاعر جناب اقبال احمد بیلن نظام آبادی ہیں۔ جو اپنے مخصوص اور معیاری مزاحیہ شاعری کے سبب نظام آباد، حیدرآباد کے علاوہ خلیجی مما لک میں کافی مقبول ہیں۔ زندہ دلان حیدرآباد کے مشاعروں میں ان کی کافی پذیرائی ہوئی۔ اور علاقہ تلنگانہ، آندھرا، مدھیہ پردیش، گجرات، کرناٹک اور مہاراشٹرا کے کئی مشاعروں میں انہوں نے اپنا دلچسپ مزاحیہ کلام سنا کر خوب داد حاصل کی۔ گذشتہ دو دہائیوں سے جدہ میں بغرض ملازمت مقیم ہیں۔ اور وہاں بزم اُردو جدہ، بزم گلبن اردو، بزم اتحاد جدہ اور دیگر ادبی محافل میں شرکت کرتے ہیں اور برصغیر کے شعراء میں کافی مقبول ہیں۔ ان کی مزاحیہ شاعری پر مبنی کلام کا مجموعہ ''گٹھلیوں کے دام'' کے نام سے منظر عام پر آیا ہے۔

جہاں تک طنز ومزاح کا تعلق ہے یہ ہماری زندگی کا اہم حصہ ہے۔ انسان اپنی زندگی میں روزمرہ کے کام سے تھک جاتا ہے۔ زندگی کی ناہمواریوں اور مسائل سے وہ پریشان ہوجاتا ہے اور چاہتا ہے کہ زندگی کے کچھ لمحے ہنس بول کر گذارے۔ تاکہ پھر وہ زندگی کے تلخ حقائق کا

سامنا کرنے کیلئے اپنے آپ کو تیار کرلے۔ چنانچہ اچھا مزاحیہ ادب اسے کچھ ہنسی کے لمحے فراہم کرتا ہے۔ مزاحیہ شاعر زندگی کے تلخ حقائق کو اس انداز میں پیش کرتا ہے کہ سننے والا ہنسنے پر مجبور ہوتا ہے۔ آج ہماری زندگی میں معاشی پریشانی' مہنگائی' بدنام سیاست' شادی بیاہ کے جھگڑے اولاد کی نافرمانیاں' گھر اور سماج کے بے شمار مسائل ہیں۔ مزاحیہ شاعران مسائل سے مزاحیہ پہلو نکالتا ہے اور انہیں شعر کے سانچے میں ڈھال کر پیش کرتا ہے۔ طنز میں ایک قسم کی چبھن ہوتی ہے جو بات طنزیہ انداز میں کہی جائے وہ سیدھے دل پر چوٹ کرتی ہے۔ بیلنؔ نظام آبادی بنیادی طور پر مزاح کے شاعر ہیں۔ اور انہوں نے اپنے ماحول اور اپنے سماج سے مزاح کے موضوعات تلاش کئے ہیں۔ شعری مجموعہ ''گٹھلیوں کے دام'' کا آغاز حمد ونعت کے اشعار سے ہوتا ہے۔ اپنے رب کو مالک کل قرار دیتے ہوئے بیلنؔ کہتے ہیں:

اس پہ اس کی عطا پہ چھوڑ دیا — میں نے سب کچھ خدا پہ چھوڑ دیا

زندگی کام کی ہوئی میری — تیری حمد ثناء پہ چھوڑ دیا

نعت نبی ﷺ میں آقا ﷺ کی شان بیان کرتے ہوئے کہتے ہیں:

وہ دل نہیں جس میں سوز الفت وہ دل نہیں جس میں عشق احمد

حیات ہے زندگی نہیں ہے چراغ ہے روشنی نہیں ہے

اور مقطع میں یوں فرماتے ہیں۔

رہے ہو اقبال تم بھی قائل اساتذہ کا بھی قول ہے یہ

جو نعت گوئی سے ہے مبرا وہ شاعری شاعری نہیں ہے

شعری مجموعہ ''گٹھلیوں کے دام'' بیلن صاحب کی گذشتہ دو دہائیوں کی شعری کاوشوں کا مجموعہ ہے۔ اس میں غزلیں، نظمیں، قطعات اور متفرق اشعار ہیں۔

اردو شاعری کے فروغ میں موجودہ دور کے مشاعروں نے اہم رول ادا کیا ہے۔ مشاعروں میں باذوق سامعین کے ساتھ منچلے نوجوان بھی آتے ہیں۔ جو ہلکے پھلکے مزاح کو پسند

کرتے ہیں۔ اور ناظم مشاعرہ بھی مشاعرے کو عروج پر لانے کے لئے مزاحیہ شعراء کو دعوت سخن دیتے ہیں۔ بیلن صاحب بھی ایسے شاعر ہیں جو مشاعروں میں جان ڈال دیتے ہیں۔ حالات حاضرہ پر ان کی گہری نظر ہے۔ شادی بیاہ کے موقع پر گھوڑے جوڑے کی رقم کی لعنت چل پڑی ہے اس پر طنز کرتے ہوئے کہتے ہیں:

تکمیل آرزو بھی ہے کس سادگی کے ساتھ　　گیارہ ہزار مہر کے جوڑے کے پانچ لاکھ

مزاحیہ شاعروں نے اپنے دور کی سیاست طنز کرتے ہوئے خوب داد حاصل کی ہے۔ بیلن صاحب نے بھی جا بجا اپنے کلام میں وقت کے حکمرانوں اور ان کے کرتوتوں پر طنز کیا ہے۔

سیاست میں بھی سب اداکاریاں ہیں　　تماشہ ہے حکمرانی نہیں ہے

کھودرئیں روز ایک نیا کھڈا　　ان کو اردو سے پیار ہے سو ہے

ہر ایک بات اردو میں ہونے لگی ہے　　الیکشن کے دن پھر کو آئے سریکا ہے

شادی بیاہ سے متعلق موضوعات کو دیگر شعراء کی طرح بیلن صاحب نے بھی خوب برتا ہے۔ ایک گھر جنوائی کا حال دیکھئے۔

سسرال میں ہماری بڑی دیکھ بھال ہے　　گنتی کے تین پھلکے ہیں اور باسی دال ہے

کثرت اولاد کے موضوع کے بارے میں بیلن صاحب لکھتے ہیں۔

چھلے کی حماقت ہوگئی نا میں پہلے اچ نکو بولا تھا　　پھر سر کی حجامت نا میں پہلے اچ نکو بولا تھا

ہر برس ایک نئی افتاد خدا خیر کرے　　ہائے یہ کثرت اولاد خدا خیر کرے

سالا اُردو مزاحیہ شاعری کا مقبول موضوع ہے۔ بیلن صاحب نے سالا ردیف میں ساری غزل کہہ ڈالی سالے کے بارے میں کہتے ہیں۔

پھر میرے گھر اٹک گیا سالا　　اپنا بستر پٹک گیا سالا

بیگم کی شاپنگ سے تنگ شوہر کے خیالات دیکھئے۔

شاپنگ بیگم کی ہے نقد بیلن　　گھر کا غلہ اُدھار ہے سو ہے

مزاحیہ شاعری سے اصلاح کے پہلو نکالتے ہوئے بیلنؔ کہتے ہیں۔

باجے گاجے کے ہم نہیں قائل شادی سادہ ہو جس میں دھوم نہ دھام
مہر گر ہو سکے تو کم رکھئے ہم مسلماں ہیں دین ہے اسلام
سچ ہے بیلن جو لوگ کہتے ہیں آم کے آم گٹھلیوں کے دام
سنبھل جاؤ چنو نواب زمانہ خراب ہے میاں چھوڑو گانجہ شراب زمانہ خراب ہے

اُردو کے نامور شعرا کے کلام کے وزن میں پیروڈی کی شکل میں بھی بیلنؔ صاحب نے اچھی مزاحیہ غزلیں کہیں ہیں۔

راز الہ آبادی کی ایک غزل لذت غم بڑھا دیجئے۔آپ پھر مسکرا دیجئے کے وزن پر چھوٹی بحر میں غزل کے اشعار ملاحظہ ہوں۔

درد سر کا بڑھا دیجئے اک غزل پھر سنا دیجئے
میں بھی بیلوں گا پاپڑ مگر اک بیلن منگا دیجئے

اسی طرح فصاحت جنگ جلیل کی غزل

سادگی لاجواب ہے جن کی ان سوالوں کی یاد آتی ہے کے وزن پر غزل دیکھئے

باکمالوں کی یاد آتی ہے ہم کو سالوں کی یاد آتی ہے
جن کے پا شو دے نہ سکے تھے جواب ان سوالوں کی یاد آتی ہے

آہستہ آہستہ کے وزن پر غزل دیکھئے۔

محبت میں جزا بھی ہے محبت میں سزا بھی ہے ثواب اک لخت ملتا ہے اور عذاب آہستہ آہستہ
دنیا جسے کہتے ہیں مٹی ہے نہ سونا ہے نقدی ہے تو ہنسنا ہے کڑکی ہے تو رونا ہے

نئے زمانے کے حالات پر طنز ملاحظہ ہو۔

عہد نو کی یہ نادانی ہے کہ ہوشیاری ہے گود میں تو ہے بچہ ماں مگر کنواری ہے

مزاحیہ شعراء کو پھکڑ پن سے باز رہنے کے لئے اپنے آپ سے خطاب کرتے ہوئے کہتے ہیں:

جس میں ہو کچھ کام کے باتاں ایسے غزلاں لکھ بیلن
ہاہا ہی ہی کر کے پاشوستی شہرت کیکو رے

بیلن صاحب نے اپنے تخلص کو جا بجا اچھے انداز میں برتا ہے اور مزاح کے ساتھ معیاری گفتگو بھی کی ہے۔ایک شعر ملاحظہ ہو۔

اقبال تخلص اچھا تھا علامہ کی گنجائش تھی
بیلن ہی کی شہرت ہوگئی نا میں پہلے اچ نکو بولا تھا

دکنی لہجے میں بیلن نظام آبادی نے جو نظمیں کہیں ہیں وہ ان کے مخصوص لحن میں سننے کے قابل ہیں اوران کی وجہ سے انہیں بہت شہرت ملی ہے۔حالات حاضرہ کی نظم دیکھئے۔

میں بولا نکو زمانہ کے سی آر کا ہے

لوگاں گاؤں میں رہ کو بھی دورہ بتارئیں
گھر میں بیٹھ کو بھی کتے کی ٹی اے بل بنارئیں
دل بولا تو دفتر کو منہ دکھارئیں دل میرے بھی بولا یہ دور تڑی مار کا ہے

میں بولا نکو زمانہ کے سی آر کا ہے

بیلن نظام آبادی نے عام آدمی کے طور پر پاشومیاں کا کردار تخلیق کیا اور وہ پاشومیاں کہتے ہوئے عام آدمی کی زندگی کی باتیں مزاحیہ انداز میں کہہ گئے۔بیلن نظام آبادی کی شاعری میں وزن اور بحر کا خاص خیال پایا جاتا ہے یہی وجہ ہے کہ ان کے اشعار فوری اثر کر جاتے ہیں۔ ان کے مزاح میں پھکڑ پن نہیں اور نہ ہی انہوں نے مزاح کیلئے بازاری اور عامیانہ موضوعات برتے ہیں۔ان کی مزاحیہ

شاعری سنجیدہ نوعیت کی ہے اور محفلوں میں سننے کے لائق ہے۔یہی وجہ ہے کہ جب لوگوں نے بیلن صاحب کو پہلی مرتبہ سنا تو ان کے گرویدہ ہوگئے۔کئی قدردان فن نے انہیں نجی محفلوں میں بار بار سنا اور ان کے اشعار یاد رکھے۔اکثر مزاحیہ شعراء کا مجموعہ کلام زیور طباعت سے آراستہ نہیں

ہوتا لیکن بیکلؔن صاحب اپنے کلام کو باذوق قارئین شاعری کے لئے پیش کر رہے ہیں۔ٹیکنالوجی کے فروغ کے دور میں بیکلؔن صاحب کے لئے مشورہ ہے کہ وہ اپنے منتخب کلام کو لحن میں پڑھ کر اس کے ویڈیو کو بھی منظر عام پر لائیں۔امید کی جاتی ہے کہ شعری مجموعہ ''گٹھلیوں کے دام'' کی خوب پذیرائی ہوگی اور ایک شاعر کے لئے حقیقی داد تب ہی ملے گی جب اس کا یہ مجموعہ سونے کے دام میں ہاتھوں ہاتھ لیا جائے گا۔مجموعی طور پر بیکلؔن نظام آبادی کی شاعری اپنے عہد کی آواز ہے اور امید ہے کہ اس کی گونج ساری دنیا میں سنائی دے گی۔

تاریخ ساز ہوگا یقیناً مشاعرہ　شعرا کی لسٹ میں میاں بیکلؔن کا نام ہے

نام کتاب : عرفان ادب

مصنف : ابرار الباقی

اکیسویں صدی بڑی تبدیلیوں اور تیز رفتار ترقی کی صدی ہے۔ انفارمیشن ٹیکنالوجی کے فروغ سے معلومات کا ایک سیل رواں بہہ رہا ہے۔ دنیا گلوبل ولیج میں سمٹ گئی ہے۔ لیکن انسانی مصروفیات بہت بڑھ گئی ہیں۔ وقت کی کمی کا احساس لئے انسان مشینی زندگی گزار رہا ہے۔ زندگی کی اس ہماہمی میں دیگر زبانوں کی طرح اُردو زبان بھی نئی صدی کے تقاضوں سے ہم آہنگ ہورہی ہے۔ اور اُردو زبان وادب کی وراثت نئی نسلوں کو منتقل ہورہی ہے۔ اُردو کی جامعات کے قیام اور اُردو شعبہ جات میں نئے اساتذہ کے تقررات اس امید کو ظاہر کرتے ہیں کہ اُردو کا مستقبل تاریک نہیں ہے۔ اُردو کے فروغ کے لئے قومی وریاستی سطح پر ادارے اور اکیڈیمیاں کام کر رہی ہیں۔ اور زبان وادب کی سرپرستی کے ذریعے اُردو کو استحکام بخشنے کی کوشش کر رہی ہیں۔ آندھرا پردیش کی اُردو اکیڈیمی اپنے زیادہ بجٹ کے اعتبار سے ملک کی سرفہرست اُردو اکیڈیمی کے طور پر جانی جاتی ہے۔ اس اکیڈیمی کے تحت فروغ اُردو کی کئی اسکیمات روبہ عمل لائی جارہی ہیں۔ ان اسکیموں میں اُردو کتابوں کی اشاعت کے لئے ادیبوں کی مالی اعانت کی اسکیم بھی ہے۔ جس کے تحت اُردو کی سبھی اصناف میں معیاری کتابوں کی اشاعت عمل میں آرہی ہے۔ اور شاعری، افسانہ، تحقیق وتنقید پر مشتمل ادب کا قیمتی سرمایہ محفوظ ہورہا ہے۔ زیر تبصرہ کتاب ''عرفان ادب'' بھی اسی ادبی سرمایہ کا ایک حصہ ہے۔ جو اُردو اکیڈیمی کے جزوی مالی تعاون سے شائع ہوئی ہے۔ کتاب کے مصنف ڈاکٹر محمد ابرار الباقی اسسٹنٹ پروفیسر وانچارج صدر شعبہ اُردو ساتاواہانا یونیورسٹی کریم نگر ہیں۔ یہ کتاب ڈاکٹر محمد ابرار الباقی کے تحقیقی وتنقیدی مضامین کا مجموعہ ہے۔ اس سے قبل ان کی تحقیقی کتاب ''تصانیف ڈاکٹر زور کی وضاحتی کتابیات'' شائع ہوکر

ادبی حلقوں میں مقبول ہو چکی ہے۔ اور اُردو اکیڈیمی نے اس کتاب کو انعام بھی دیا ہے۔ ''عرفان ادب'' کتاب میں شامل مضامین صاحب کتاب کے وہ مضامین ہیں جو انہوں نے قومی سطح پر ملک کی مختلف جامعات میں منعقد ہونے والے ادبی سمیناروں میں مقالے کی شکل میں پیش کئے تھے۔ اور بعد میں اُردو کے معیاری رسائل میں ان کی اشاعت عمل میں آئی تھی۔ اور اب یہ مضامین ''عرفان ادب'' کے عنوان سے کتابی شکل میں شائع ہو کر محفوظ ہو چکے ہیں۔

''عرفان ادب'' کے آغاز میں ''پیش گفتار'' کے عنوان سے اُردو کے نامور محقق و نقاد پروفیسر سلیمان اطہر جاوید نے پیش لفظ لکھا ہے۔ وہ ڈاکٹر محمد ابرار الباقی کے ان مضامین کا تجزیہ کرتے ہوئے لکھتے ہیں:

> ''ان کے مطالعے کی وسعت اور نظر کی گہرائی کا اندازہ ہوا۔ متعلقات موضوع پر ان کی گہری نظر ہوتی ہے۔ اور زبان و بیان کی نزاکتوں کا وہ خیال رکھتے ہیں۔۔۔۔ڈاکٹر محمد ابرار الباقی نے ان مضامین میں کچھ ایسے نئے پہلو نکالے کہ تھوڑا ہی سہی اقبالیات میں ان کی حیثیت امتیازی ہو جاتی ہے۔ و نیز انہوں نے مضامین میں اپنے زاویہ نگاہ سے کام لیا ہے۔ (سلیمان اطہر جاوید۔ عرفان ادب۔ ص۔ 5)

''عرفان ادب باقی'' کے عنوان سے ڈاکٹر محمد نسیم الدین فریس اسوسی ایٹ پروفیسر و صدر شعبہ اردو مولانا آزاد نیشنل اردو یونیورسٹی نے کتاب پر تعارفی مضمون لکھا ہے۔ وہ اپنی رائے دیتے ہوئے لکھتے ہیں۔

> ''ان مضامین میں کہیں تحقیق کا پٹ ہے تو کہیں تنقید کا رنگ چوکھا نظر آتا ہے۔ منصنف نے ان مضامین میں نہائت ذہانت سے اس کی تشریح و تفسیر کی ہے۔ ان کا زاویہ نگاہ

تاثراتی ہے۔ان مضامین میں انہوں نے تفہیم و تحسین کے ساتھ ساتھ موضوع کی عصری معنویت کو بھی اجاگر کرنے کی کوشش کی ہے۔۔۔ان مضامین میں ان کا رویہ ہمدردانہ اور لب و لہجہ دردمندانہ ہے۔ ان میں قومی و ملی کے ساتھ اردو زبان وادب کو اعلیٰ ترین رفعتوں پر دیکھنے کی تمنا کروٹیں لیتی نظر آتی ہے۔(ڈاکٹر محمد نسیم الدین فریس۔عرفان ادب۔ ص۔8)

''عرفان ادب'' کے مصنف ڈاکٹر محمد ابرار الباقی نے'' کچھ مضامین کے بارے میں'' عنوان کے تحت اپنی مضمون نگاری کی روش بیان کی ہے۔اور لکھا کہ'' میں نے اس بات کی کوشش کی ہے کہ آج سے ایک صدی قبل ادب میں پیش ہونے والے خیالات کا عصر حاضر کی زندگی کے مسائل کی روشنی میں مطالعہ کیا جائے۔اوران سے موجود زمانے کے مسائل کا حل تلاش کیا جائے''۔

''عرفان ادب'' مجموعے میں کل 10 تحقیقی و تنقیدی مضامین شامل ہیں۔جنہیں ادبی شخصیات اور اصناف سخن کے زمروں میں تقسیم کیا جا سکتا ہے۔ میر تقی میر'اقبال'اکبر الہ آبادی'چکبست اور فیض سے متعلق مضامین شخصیات کی ادبی و صحافتی و ملی خدمات کا احاطہ کرتے ہیں ۔خاکہ نگاری اور آزاد نظم سے متعلق مضامین اصناف سخن کی باریکیوں کو واضح کرتے ہیں۔ مضمون''میر تقی میر ایک عہد ساز شاعر'' میں میرؔ کی شاعری کی خصوصیات کو ان کے کلام کی روشنی میں پیش کیا گیا ہے۔ دل اور دلی کی تباہی کے تذکرے اور میرؔ کے غم کی آفاقیت کا ذکر کرتے ہوئے ڈاکٹر محمد ابرار الباقی لکھتے ہیں:

''میرؔ کا غم آفاقی تھا۔اس لئے آج بھی ہر غم زدہ میرؔ کی شاعری میں اپنا غم تلاش کرتا ہے۔

دل اور دلی گرچہ دونوں ہیں خراب پر کچھ لطف اس اُجڑے نگر میں بھی ہے

دل وہ نگر نہیں کہ پھر آباد ہو سکے　　پچھتاؤ گے سنو یہ بستی اُجاڑ کر

(عرفان ادب۔ص۔25)

''اکبر کی طنزیہ و مزاحیہ شاعری'' مضمون میں اکبر کے کلام کے حوالے سے ان کی شاعری کی خصوصیات بیان کی گئی ہیں۔اور اکبر کے ملی جذبے و زمانہ شناسی کو خراج پیش کیا گیا ہے۔اکبر کی شاعری کے بارے میں ڈاکٹر محمد ابرار الباقی لکھتے ہیں:

> ''اکبر کی شاعری پیامیہ ہے۔ان کی شاعری سے وطن دوستی، مشرقی تہذیب سے محبت کا سلیقہ اور اعلیٰ انسانی اقدار کی پاسداری کا سبق ملتا ہے۔(عرفان ادب۔ص۔43)

مضمون ''قومی یکجہتی اور اقبال'' میں اقبال کے نظریہ قومی یکجہتی کو ان کی نظموں کے حوالے سے پیش کیا گیا ہے۔مضمون میں قومی یکجہتی کی تعریف اور اس کی ضرورت اور اہمیت کو جس انداز میں اجاگر کیا گیا ہے۔وہ ہندوستانی تناظر میں اہمیت کی حامل ہے۔ڈاکٹر باقی نے لکھا کہ''قومی یکجہتی کا پیغام عام کرنے کے لئے عوامی طور پر مقبول زبان کی ضرورت پڑتی ہے۔اور یہ کام اُردو زبان نے بخوبی انجام دیا ہے۔اقبال کے قومی یکجہتی کے پیغام کی عصری معنویت ظاہر کرتے ہوئے ڈاکٹر محمد ابرار الباقی لکھتے ہیں:

> ''اقبال کی شاعری سے فیضیاب ہونا آنے والی قوموں کی ذمہ داری ہے۔اقبال کا نظریہ قومی یکجہتی واضح ہے۔کسی شاعر کا ایک گیت ہی ساری قوم میں اتحاد پیدا کر سکتا ہے۔اور وہ گیت اقبال کا ترانہ ہندی ہے۔اگر اقبال کے نظریہ قومی یکجہتی سے کام نہیں لیا گیا اور لوگ مذہب، زبان اور کلچر کے نام پر لڑتے رہیں تو ان کی ترقی ممکن نہیں۔(عرفان ادب۔ص۔58)

مضمون ''چکبست ایک محبِّ وطن شاعر'' میں ڈاکٹر محمد ابرار الباقی نے چکبست کے جذبہ حب وطن کو خراج پیش کیا ہے۔ اوران کی نظم ''خاک وطن'' کے تجزیے کے ذریعے واضح کیا کہ چکبست نے لوگوں کو ہندوستان کے ذرے ذرے سے پیار کرنا سکھایا اوراس کے ذریعے لوگوں میں وطن کی محبت کا جذبہ پروان چڑھایا۔ مضمون ''تحریک آزادی کا بے باک صحافی محمد علی جوہر'' میں محمد علی جوہر کی صحافتی خدمات کا احاطہ کیا گیا ہے۔اوران کے مروجہ صحافتی اصول بھی بیان کئے گئے ہیں۔

مضمون ''جنوبی ہند کے معمار تعلیم ڈاکٹر محمد عبدالحق'' میں علاقہ کرنول کے نامور ماہر تعلیم محمد عبدالحق کرنولی کی تعلیمی وملی خدمات کواجاگر کیا گیا۔ مضمون ''ڈاکٹر زور۔دکنی ادب کے معمار'' میں ڈاکٹر محمد ابرار الباقی نے دکنی ادب کے کوہ نور زور صاحب کی دکنی زبان وادب کے فروغ 'اور بہ حیثیت شاعر' نقاد' محقق اور ماہر لسانیات'' ان کی خدمات کا احاطہ کیا ہے۔ فیضؔ کی نظم ''صبح آزادی'' کا سیاسی' سماجی وادبی تناظر میں تجزیہ کیا گیا۔فیض کی نظم کا یہ شعر ؎

یہ داغ داغ اُجالا یہ شب گزیدہ سحر وہ انتظار تھا جس کا یہ وہ سحر تو نہیں

کے حوالے سے ڈاکٹر محمد ابرار الباقی لکھتے ہیں:

> ''یہ نظم فطرت کے اس اٹل قانون کی طرف اشارہ کرتی ہے جسے تقدیر کہتے ہیں۔ بہت سے لوگ تقدیر پر بھروسہ نہیں کرتے اور یہ سمجھتے ہیں کہ وہ اپنے ہاتھوں سے تقدیر لکھیں گے۔لیکن آخر میں یہ حقیقت سامنے آتی ہے کہ انسان اپنے لئے بہت کچھ سوچتا ہے لیکن ہوتا وہی ہے جو قدرت اور فطرت کا قانون ہے۔(عرفان ادب۔ص۔107)

مضامین ''آزاد نظم ایک مطالعہ'' اور ''اُردو میں خاکہ نگاری کی روایت'' اپنے موضوع پر خاطر خواہ معلومات فراہم کرتے ہیں۔ مجموعی طور پر ڈاکٹر محمد ابرار الباقی کے یہ ادبی تحقیقی وتنقیدی مضامین معلوماتی ہیں۔ انداز تنقید تاثراتی ہے۔ موضوع کی تفہیم وتشریح کے ساتھ نتائج اخذ کرنے کی

کوشش کی ہے۔اور مصنف نے اپنی رائے کو امانت کے طور پر پیش کیا ہے۔اردو ادب کے طالب علموں کے لئے یہ تاثراتی مضامین ادب کی تفہیم میں ضرور معاونت کریں گے۔جس کے لئے ڈاکٹر محمد ابرار الباقی مبارک باد کے لائق ہیں۔امید ہے کہ وہ ادب کے دیگر گوشوں پر بھی اپنی ہمدردانہ اور تاثراتی نظر ڈالیں گے۔اور اردو ادب کے خزانے سے قیمتی موتی ڈھونڈ لائیں گے۔ عمدہ کتابت وطباعت سے آراستہ 200 روپئے قیمت والی یہ کتاب ہر ادب کے طالب علم کے زیر مطالعہ ہونی چاہئے۔اور کتب خانے کی زینت بنی چاہئے۔آئی ایس بی این نمبر کے ساتھ یہ کتاب ایجوکیشنل پبلشنگ ہاؤز نئی دہلی نے شائع کی ہے۔ کتاب مصنف سے ان کے فون:9440717525 پر رابطے کے ساتھ حاصل کی جاسکتی ہے۔اردو کتابوں کی اشاعت میں ادیبوں کا مالی تعاون کرنا اردو اکیڈیمی اے پی کا مستحسن اقدام ہے۔جس کے لئے اکیڈیمی کے موجودہ سکریٹری ڈائرکٹر ڈاکٹر ایس اے شکور بھی مبارک باد کے حق دار ہیں۔

نام کتاب : کبھی تو رنگ مرے ہاتھ کا حنائی ہو
مصنفہ : راسیہ نعیم ہاشمی

انسان کی زندگی میں شادی ایک فطری ضرورت اور اہم سماجی ذمہ داری کی تکمیل ہے۔ ہر نارمل انسان شادی شدہ زندگی گذارتا ہے۔ اور خاندانی زندگی گذارتے ہوئے دنیا کے نظام کو آگے بڑھاتا ہے۔ ابتدائے آفرینش سے ہی دنیا کے مختلف قبائل اور مہذب سماج میں شادی کے مختلف طریقے رائج ہیں جن میں مذہبی تعلیمات سے روشنی حاصل کی گئی ہے۔ بدلتے وقت اور دنیا کی تیز رفتار ترقی نے جہاں زندگی کے دیگر شعبوں کو متاثر کیا ہے وہیں مرد اور عورت کے درمیان طے پائے جانے والے اس مقدس رشتے کے تقدس کو پامال کرنے کی مثالیں بڑھتی جا رہی ہیں۔ جہیز کے نام پر لڑکیوں پر مظالم، عورتوں کی عصمت ریزی کے بڑھتے واقعات، شادی میں رکاوٹ کے سبب نوجوانوں میں بڑھتی بے راہ روی اور بڑھتی ہوئی اخلاقی برائیوں جیسی سنگین وجوہات کے پیچھے شادی جیسے ادارے کو غلط سمجھنا ہے۔ شادی کے بارے میں یوں تو لطیفے مشہور ہیں کہ شادی ایک ایسا قلعہ ہے جس میں اندر والے باہر اور باہر والے اندر جانا چاہتے ہیں اور یہ کہ جس کی شادی نہیں ہوئی اسے یہ فکر رہتی ہے کہ اس کی شادی کب ہوگی اور جس کی شادی ہو چکی ہے وہ پچھتا رہا ہے کہ اس کی شادی کیوں ہوئی وغیرہ۔ لیکن مجموعی طور پر شادی کے بارے میں مغرب کی بے راہ روی کو چھوڑتے ہوئے خود مشرقی اور ہندوستانی سماج میں شادی دولت مند اوسط اور غریب طبقے کے والدین اور نوجوانوں کے لئے ان دنوں ایک بڑا مسئلہ بن چکی ہے۔ شادی کی راہ میں پیش آنے والی رکاوٹوں، وجوہات، مسائل اور ان کے ممکنہ حل کو پیش کرتی ہوئی اردو میں ایک اہم معلوماتی اور مفید کتاب ''کبھی تو رنگ مرے ہاتھ کا حنائی ہو'' کے عنوان سے شائع ہوئی

ہے اور اس کتاب کی مصنفہ حیدرآباد کی ایک مشہور خاتون صحافی راسیہ نعیم ہاشمی ہیں۔ جو مولانا آزاد نیشنل اردو یونیورسٹی کی اسکالر ہیں اور روزنامہ سیاست کی ویب سائٹ پر خبروں کی پیشکشی کے کام سے وابستہ ہیں۔ وہ اردو کی ایک ابھرتی اور مقبول کالم نگار بھی ہیں۔ ان کے مزاحیہ اور سنجیدہ مضامین روزنامہ منصف اور سیاست میں مستقل شائع ہوتے رہتے ہیں۔ راسیہ نعیم ہاشمی اردو کی ان اسکالرس میں شمار ہوتی ہیں جنہوں نے عثمانیہ یونیورسٹی سے ایم سی جے کیا اور اردو میں سماجی صحافت سے وابستہ رہیں۔ راسیہ نعیم ہاشمی کی اس سے قبل دو تصانیف ''بتیسی'' مزاحیہ مضامین کا مجموعہ 2005ء اور'' تین سو چونسٹھ دن مردوں کے ایک دن خواتین کا'' مضامین کا مجموعہ 2012ء شائع ہوکر مقبول ہوچکی ہیں۔ زیر تبصرہ کتاب ''کبھی تو رنگ مرے ہاتھ کا حنائی ہو' دراصل ان کے ایم فل کے تحقیقی مقالے کی بعد ترمیم و اضافہ کتابی شکل ہے۔ انہوں نے یہ مقالہ یونیورسٹی کے شعبے سماجی اخراجیت و شمولیت پالیسی کے تحت لکھا تھا جس میں دنیا بھر میں شادی کی رسومات اور قوانین' ہندوستان میں مختلف اقوام میں شادی کے احوال اور مسلم معاشرے میں شادی کی بدلتی صورتحال اور شادی کے لئے موجودہ دور میں پیش آنے والی رکاوٹوں اور مسائل کو اعداد و شمار اور تجزیے کے ساتھ پیش کیا گیا اور حیدرآباد میں رشتے جوڑنے کے پروگرام دوبدو کے بشمول دیگر عوامل پیش کرتے ہوئے شادی میں آسانی اور سماج کے ایک اہم مسئلے کے حل کی یکسوئی کی کوشش کی گئی ہے۔ راسیہ نعیم ہاشمی نے اپنے تحقیقی مقالے کو کتابی شکل دیتے ہوئے اس کے عنوان ''کبھی تو رنگ مرے ہاتھ کا حنائی ہو' سے ہی لوگوں کی توجہ اس اہم مسئلہ کی جانب مبذول کرانے میں کامیابی حاصل کی ہے۔ کتاب کا پیش لفظ اردو یونیورسٹی کے شعبہ تعلیم نسوان کی پروفیسر ڈاکٹر آمنہ تحسین نے لکھا ہے۔ وقت کی اہم ضرورت سمجھے جانے والے اس موضوع پر تحقیقی کتاب پیش کرنے کے لئے فاضل مصنفہ کو مبارک باد پیش کرتے ہوئے ڈاکٹر آمنہ تحسین لکھتی ہیں کہ'' راسیہ نعیم ہاشمی دلی مبارک باد کی مستحق ہیں کہ انہوں ے ایک اہم موضوع کو تحقیق کے لئے منتخب کیا اور نہایت معروضی و جامع انداز میں اس مسئلہ کو سمجھنے اور سمجھانے کی کوشش کی اور

اپنی تحقیق کے حاصل شدہ نتائج کو مسلم معاشرے کے روبرو پیش کیا۔۔اب یہ مسلم معاشرے کی ذمہ داری بنتی ہے کہ وہ اس آئینہ میں نظر آنے والی مسلم لڑکیوں اور خواتین کی بگڑی تصویر کی بحالی اور درستگی کی طرف کس طرح توجہ دیتے ہیں۔'' (ص۔4)

راسیہ نعیم ہاشمی نے آغاز سخن کے عنوان سے کتاب میں پیش کردہ تحقیقی مواد کا تعارف پیش کیا اور لکھا کہ اس موضوع پر کام کرنے کے لئے تحقیق کی ایک قسم سوالنامہ اور ان کا تجزیہ کو استعمال کیا گیا ہے۔اور ہندوستان میں اور خاص طور سے مسلم معاشرے میں شادی میں لڑکی کے انتخاب کے معیارات، جہیز اور دیگر امور سے متعلق سماج سے تعلق رکھنے والے 200افراد سے سوالنامے کے جوابات حاصل کئے گئے اور انہیں بعد تجزیہ نتائج کے طور پر پیش کیا گیا۔شادی کا انتظار کرتی مشرقی سماج کی لڑکیوں کے جذبات کی عکاسی کرتے ہوئے راسیہ نعیم ہاشمی لکھتی ہیں۔

''شعور کی آگہی کی منزل پر قدم رکھنے کے بعد ہی سے لڑکی خوابوں کی منڈیروں پر ارمانوں کے چراغ جلائے ایک ایسے ہم سفر کا انتظار شروع کردیتی ہے جو اس کے خوابوں کو حقیقت کا روپ دے اور اس کے آرزوؤں کی تکمیل کرسکے۔لیکن اس انتظار کے نتیجے میں اسے وصل صنم کے بدلے بار بار مسترد کئے جانے، لین دین اور جہیز کی جانگ جیسی سوغاتیں ملنے لگتی ہیں اور یہ انتظار طویل تر ہوجائے یہاں تک کہ کالی گھٹاؤں کے پیچھے سے چاندی کے تار نظر آنے لگیں تو

ذرا تو سوچئے اس دل کا کیا حال ہوگا
تلاش گل میں جو پتھر کی چوٹ کھاجائے (ص۔۷)

کتاب کے ابتدائی باب میں ''شادی مختلف ادوار اور اقوام میں'' کے عنوان سے دنیا کے مختلف علاقوں اور قبائل میں شادی سے متعلق معلومات دی گئی ہیں۔خاص طور سے ہندوستان میں بچپن کی شادی اور آپسی رشتہ داریوں میں شادیوں سے متعلق مفید معلومات دی گئی ہیں۔اور مختلف علاقوں میں رشتے کے انتخاب کے پیمانوں کو اعداد شمار کے ذریعے واضح کیا گیا ہے۔کتاب کے دوسرے باب'' شادی حیدرآبادی مسلم معاشرے'' کے تحت حیدرآباد میں فی زمانہ رشتے کے

انتخاب سے لے کر شادی تک ہونے والے مراحل کا ذکر کیا گیا ہے کہ کس طرح دکھاوے میں ڈوبے معاشرے میں لڑکی کو دیکھا پرکھا جاتا ہے اور اس کے انتخاب سے قبل اسے کس قدر ذہنی کرب سے گذارا جاتا ہے۔ حیدرآباد جہاں اپنی گنگا جمنی تہذیب' اردو زبان کی مٹھاس اور دیگر اچھی باتوں کے لئے دنیا بھر میں مشہور ہے وہیں گذشتہ دو تین دہائیوں سے شادی بیاہ کے معاملے میں اسراف اور دکھاوے کے لئے بدنام ہوتا جارہا ہے۔ ضرورت رشتہ کے ایک اشتہار کی جانب راسیہ نعیم ہاشمی نے توجہ دلائی جس میں لکھا گیا تھا کہ '' کالی یا سانولی لڑکی کے والدین زحمت نہ کریں''۔ لڑکیوں کے انتخاب کے طریقہ کار کے بارے میں راسیہ نعیم ہاشمی لکھتی ہیں کہ ''لڑکیوں کی بھیڑ بکریوں کی طرح جانچ کر کے کھانا پینا اور پھر اس طرح غائب ہو جانا جیسے گدھے کے سر سے سینگ' روز کا معمول بن گیا ہے۔ لڑکی والے بے چارے آس کی شمعیں جلائے اس انتظار میں بیٹھے رہتے ہیں کہ شائد کوئی دوسری بار بھی ان کے گھر کا دروازہ کھٹکھٹادے۔ اس طرح لڑکی دیکھنے والے لڑکی کے معصوم دل کو روندتے ہوئے اس کے جذبات سے کھیلتے ہوئے گذر جاتے ہیں۔ اور یہ احساس بھی انہیں نہیں ہوتا کہ انہوں نے خدا کی تخلیق کی ناقدری کے ساتھ ساتھ اس کے دل پر ایسی کاری ضرب لگائی ہے جو کہ مستقبل بعید میں اسے ذہنی مریضہ بنانے میں کوئی کسر نہ چھوڑے گی'' (ص۔50)

کتاب کے اگلے باب ''لڑکیوں کی شادی کی نسبت پر اثر انداز ہونے والے عوامل'' میں راسیہ نعیم ہاشمی نے لکھا کہ لڑکی کی شادی کی موزوں عمر 18 سے 25 سال ہے۔ اور حاصل کردہ اعداد شمار میں 40 فیصد لڑکیاں جن کی شادی ہوئی ہے وہ اسی عمر کے گروپ سے تعلق رکھتی ہیں۔ 28 سال کے بعد لڑکی کی شادی کے لئے اسے سمجھوتے کا ذکر کیا گیا کہ والدین لڑکے کے بارے میں سمجھوتہ کر لیتے ہیں اور کسی طرح عمر پار کر جانے والی اپنی لڑکی کے ہاتھ پیلے کرنے کی فکر میں لگ جاتے ہیں۔ راسیہ ہاشمی نے یہ نہیں لکھا کہ کن وجوہات کی بناء لڑکی شادی کی عمر پار کر جانے کے باوجود بن بیاہی رہ جاتی ہے جب کہ خوبصورتی کے دنیاوی پیمانے میں کمی' غربت یا

کوئی جسمانی معذوری لڑکی کی شادی میں رکاوٹ بن سکتی ہے۔ آگے راسیہ ہاشمی نے لکھا کے کثیر العیال والدین کے لئے بھی اپنے بچوں کی شادی مسئلہ بنتی ہے۔ اعداد شمارے کے تجزیے سے انہوں نے واضح کیا کہ جس گھر میں ایک سے ذائد لڑکیاں ہیں وہاں شادی کے مسائل ہیں۔ شادی کے مذہبی' فطری یا سماجی فریضہ کے سوال کے جواب میں ذیادہ تر لوگوں نے اسے مذہبی اور سماجی کہا ہے۔ جو بہت حد درست ہے۔ 22 فیصد نے فطری اور 13 فیصد نے اخلاقی سہارا قرار دیا ہے۔ لڑکے کے انتخاب کے پیمانے میں راسیہ نعیم ہاشمی نے جو اعداد شمار پیش کئے ہیں ان میں معاشی استحکام' تعلیم اور اخلاق کو لوگوں نے ترجیح دی ہے۔ جو موجودہ معاشرے کی عکاسی ہے۔ اس سروے میں لڑکی اور والدین دونوں کی پسند کو پیش کیا گیا ہے۔ موزوں رشتے کی تلاش میں رکاوٹ کے عوامل بیان کرتے ہوئے راسیہ نعیم ہاشمی نے لکھا کہ لوگوں کے معیارات اونچے اور خواب وخیال کے ہوتے ہیں اور انہیں حقیقت میں بدلتے دیکھنا چاہتے ہیں۔ جو ہو نہیں پاتا۔ اسی لئے رشتوں میں تاخیر ہو رہی ہے۔ رشتوں کے لئے مناسب ذرائع اختیار کرنے کے سروے میں دکھایا گیا کہ 50 فیصد سے ذائد لوگ آج بھی رشتے داروں اور دوست احباب کی رہبری پسند کرتے ہیں جب کہ ضرورت رشتہ کے اشتہار' پیامات کے دفاتر اور انٹرنیٹ وغیرہ بھی لوگوں کے لئے کچھ حد تک معاون ثابت ہو رہے ہیں۔ شادی طے ہو جانے کے بعد جہیز کا مطالبہ اور معیاری شادی بھی مسلم سماج کا بڑا مسئلہ ہے۔ 70 فیصد لوگ جہیز کو غلط مانتے ہیں لیکن دینے کے لئے مجبور ہیں کہ ان کی بیٹی کی شادی کا معاملہ ہے۔ راسیہ نعیم ہاشمی نے لکھا کہ خوف خدا نہ ہونا اور سماج میں اپنے رتبے کو اونچا دکھانے کی آرزو جہیز اور اسراف کی لعنت کو بڑھاوا دے رہی ہے۔ کتاب کے اگلے باب شادی میں تاخیر اور اس کے اثرات میں مصنفہ نے کیس ہسٹری کے طور پر کئی لڑکیوں کی مثالیں پیش کیں جو مختلف غلط وجوہات کی بنا شادی نہیں کر سکیں اور ذہنی اذیت سے دوچار ہیں۔ دوبدو پروگرام کے عنوان سے راسیہ نعیم ہاشمی نے ادارہ سیاست اور مائنارٹیز ڈیولپمنٹ فورم کی جانب سے چلائے جانے والے رشتہ جوڑ پروگراموں کی اہمیت واضح کی جس

کے مثبت نتائج سامنے آرہے ہیں۔ 2008ء میں شروع ہونے والے اس اختراعی رشتہ جوڑ پروگرام کے اب تک 30 مرحلے ہوچکے ہیں۔ اس پروگرام کی اہم خوبی یہ ہے کہ ایک ہی پلیٹ فارم پر والدین کو بغیر خرچ کے مناسب رشتے مل جاتے ہیں اور پروگرام میں اسراف اور جہیز کی لعنت سے پرہیز کرنے کی تاکید سے شادیوں میں آسانی بھی ہورہی ہے جس کے لئے مدیر سیاست جناب زاہد علی خان صاحب اوران کے احباب قابل مبارک باد ہیں۔ کتاب کے اختتام پر راسیہ نعیم ہاشمی نے مسئلے کے حل کے طور پر سماج کے سرکردہ افراد، علمائے کرام اور دیگر معززین سے گذارش کی ہے کہ وہ شادی بیاہ کو آسان بنانے کے لئے کونسلنگ مراکز قائم کریں اورلڑکیوں کوسماج میں ان کا مستحق مقام دیتے ہوئے شادی کے ادرارے کو مستحکم بنائیں ورنہ انہوں نے متنبہ کیا کہ شادی میں رکاوٹ سے سماج بے شمار برائیوں کا مرکز بن جائے گا جس سے زندگی درہم برہم ہوگی۔ اس طرح راسیہ نعیم ہاشمی نے اپنی کتاب ''کبھی تو رنگ مرے ہاتھا کا حنائی ہو'' کو جذباتی انداز میں پیش کیا ہے۔ کتاب میں انگریزی اوراردو کی بے شمار کتابوں کے حوالے دئے گئے ہیں اوراردو قارئین اور مسلم معاشرے کو پیش نظر رکھ کر مواد پیش کیا گیا ہے۔ اردو میں تفتیشی جرنلزم، نسوانی تحریک کی آواز اور تحقیق کے نئے انداز کے لئے یہ کتاب اچھی مثال قرار دی جاسکتی ہے اسی کے ساتھ ساتھ تمام رشتوں کے مراکز اور کالجوں اور یونیورسٹیوں کے کتاب خانے میں اس کتاب کو رکھا جانا چاہئے اور اپنے بچوں کے رشتوں کے لئے متلاشی والدین اور نوجوان لڑکے لڑکیوں کو بھی اس کتاب کا ضرور مطالعہ کرنا چاہئے۔ دیدہ زیب ٹائٹل، خوبصورت انداز پیشکش کی حامل اردو اکیڈیمی کے تعاون سے شائع ہونے والی اس کتاب کی قیمت 200 روپے رکھی گئی ہے۔ ہدی بک ڈپو نے کتاب کو شائع کیا ہے جسے مصنفہ سے ان کے مکان نمبر 16-10-274/9 ریس کورس اولڈ ملک پیٹ سے حاصل کیا جاسکتا ہے۔

نام کتاب : ادبی وتہذیبی رپورتاژ

مصنف : محمد ناظم علی

حیدرآباد دکن میں اردو کے زودنویس قلم کاروں میں ایک اہم نام ڈاکٹر محمد ناظم علی کا ہے۔ جوایک اچھے ادبی صحافی، محقق، نقاد اور سماجی دانشور ہیں۔ تحقیقی وتنقیدی موضوعات پر ان کی اب تک نو کتابیں آئینہ عصر، روح عصر، عکس ادب، حیدرآباد کے ادبی رسائل آزادی کے بعد، پروفیسر آل احمد سرور فکروفن، ادبی بصیرت، تنقید فکر، افکار جدید اور نقش ہیں سب ناتمام شائع ہو کر مقبولیت حاصل کرچکی ہیں۔ اردو اخبارات ورسائل میں ان کے فکر انگیز مراسلے اور ادبی مضامین آئے دن زینت بنتے رہتے ہیں۔ اردو دنیا نئی دہلی، سب رس حیدرآباد اور دیگر رسائل میں ان کے مراسلے اور تبصرے بہ طور خاص شائع ہوتے ہیں۔ اس کے علاوہ حیدرآباد اور تلنگانہ کی ادبی محفلوں میں وہ بہ طور خاص شرکت کرتے ہیں۔ مقالے پیش کرتے ہیں اور ادب کے کسی بھی موضوع پر عصری تقاضوں کو ہم آہنگ رکھتے ہوئے گفتگو کرتے ہیں۔ وہ شعبہ اردو یونیورسٹی آف حیدرآباد کے ان فاضل طلباء میں شمار ہوتے ہیں جنہوں نے اردو سے اعلیٰ تعلیم حاصل کرتے ہوئے سرکاری ملازمت حاصل کی۔ پبلک سرویس کمیشن کا امتحان کامیاب کرتے ہوئے ڈگری کالج میں اردو لیکچرار کے طور پر خدمات انجام دیں اور بہ حیثیت پرنسپل گورنمنٹ ڈگری کالج موڑتاڑ نظام آباد سے وظیفہ پر سبکدوش ہوئے اور اب مستقل طور پر حیدرآباد میں مقیم ہیں اور اپنی علمی وادبی سرگرمیوں میں مصروف کار ہیں۔ ڈاکٹر محمد ناظم علی زمانہ طالب علمی سے ہی ایک ذہین اسکالر رہے ہیں۔ انہوں نے تحقیق کے شعبہ میں بھی کارہائے نمایاں انجام دئے اور ''حیدرآباد کے ادبی رسائل آزادی کے بعد'' عنوان پر ایک گراں قدر تحقیقی مقالہ لکھا۔ اپنے اس کام کے دوران انہوں نے حیدرآباد کے بیشتر ادبی رسائل کے پہلے شمارے کو کھوج کر قارئین کے روبرو

پیش کیا۔ انہوں نے پروفیسر اشرف رفیع کے زیر نگرانی اردو کے نامور نقاد پروفیسر آل احمد سرور کے فکر و فن پر پی ایچ ڈی کے لیے تحقیقی مقالہ لکھا اور بعد میں اسے کتابی شکل دی۔ ان کے اس کام کی ہند و پاک میں کافی پذیرائی کی گئی۔ اب ڈاکٹر محمد ناظم علی اپنی دسویں تصنیف ''ادبی و تہذیبی رپورتاژ'' کے ساتھ حاضر ہو رہے ہیں۔ اس تصنیف میں انہوں نے حیدرآباد اور تلنگانہ کی مختلف جامعات میں منعقدہ ادبی سمیناروں، اردو اساتذہ کے لیے منعقدہ اردو ریفریشر کورسز اور مختلف ادبی تنظیموں کی جانب سے منعقدہ ادبی اجلاسوں کی رپورتاژوں کو یکجا کر کے پیش کیا ہے۔ انہوں نے رپورتاژ لکھنے کا یہ سلسلہ 1999 سے شروع کیا اور اس کتاب میں حالیہ عرصے تک منعقدہ بعض اہم سمیناروں اور ادبی اجلاسوں کی روداد شامل ہے۔

رپورتاژ نگاری کی صنف مغرب سے اردو ادب میں آئی اور ترقی پسند تحریک سے اس کو عروج حاصل ہوا۔ اس صنف کی تشکیل میں صحافت اور ادب کا امتزاج شامل ہے۔ کسی بھی ادبی اجلاس کی روداد جس میں روداد نگار واقعات کو دلچسپ انداز میں اس طرح پیش کرے کہ روداد کے ساتھ لکھنے والے کا اسلوب بھی دلچسپی پیدا کر دے اسے رپورتاژ کہتے ہیں۔ کرشن چندر نے اردو کا ابتدائی رپورتاژ ''پودے'' کے عنوان سے لکھا جس میں حیدرآباد میں منعقدہ ایک اردو کانفرنس میں بمبئی سے آئے ادیبوں کی شرکت کو افسانوی رنگ میں پیش کیا گیا تھا۔ اچھا رپورتاژ وہی سمجھا جاتا ہے جس میں روداد کے ساتھ افسانوی رنگ اور اسلوب کی چاشنی ہو۔ رپورتاژ نگاری کا مقصد ہی یہ ہوتا ہے کہ قارئین کو کسی اجلاس کی روداد سے اس طرح واقف کرایا جائے کہ اسے پڑھنے کے بعد قاری کو احساس ہو کہ اس نے بھی اس اجلاس میں شرکت کی تھی۔ طمانیت کا احساس بھی رپورتاژ کی کامیابی کی ایک مثال ہے۔ اردو کے اخبارات و رسائل میں رپورتاژ کی اشاعت سے اس فن کو جلا ملی اور اب یہ باقاعدہ غیر افسانوی نثر کی صنف مانی جاتی ہے۔ ڈاکٹر محمد ناظم علی کی اس تصنیف میں کل 24 ادبی اجلاسوں اور سمیناروں کے رپورتاژ شامل ہیں۔ ان کی رپورتاژ نگاری کی خاص بات یہ ہے کہ وہ جس اجلاس میں بھی شرکت کرتے ہیں اس کی روداد کو

پہلے محفوظ کرتے ہیں اور پھر جزئیات نگاری کے ساتھ پیش کرتے ہوئے اپنی تنقیدی رائے بھی دیتے ہیں۔ انہوں نے رپورتاژ نگاری میں ایک خاص پہلو نکالا کہ اردو اساتذہ کے لیے جو ریفریشر کورس منعقد ہوتے ہیں ان کی تفصیلات بھی رپورتاژ میں پیش کر دیں۔ عام طور پر یونیورسٹی اور ڈگری کالج کے اساتذہ کے لیے تین ہفتوں کے ریفریشر کورسز کا اکیڈیمک اسٹاف کالج کی جانب سے انعقاد عمل میں آتا ہے جس میں ملک بھر کی جامعات اور کالجوں کے اساتذہ شرکت کرتے ہیں۔ ماہر اساتذہ مختلف ادبی موضوعات پر فکری و تحقیقی بات کرتے ہیں۔ ڈاکٹر محمد ناظم علی نے اساتذہ کے لیے مخصوص ان ریفریشر کورسز کی یادوں کو رپورتاژ میں پیش کرتے ہوئے اردو اساتذہ کے علاوہ دیگر قارئین کی معلومات میں اضافے کی کوشش کی ہے۔ ان ریفریشر کورسز میں مختلف علاقوں کے اساتذہ ایک دوسرے سے تہذیبی تبادلہ خیال کرتے ہیں اور دوران کورس اپنے سوالات سے موضوع سے متعلق وسیع تر معلومات کے حصول کی کوشش کرتے ہیں۔ ان کی تفصیلات ڈاکٹر محمد ناظم علی کے رپورتاژوں کا حصہ ہیں۔ اردو یونیورسٹی حیدرآباد میں منعقدہ تیسرے اردو ریفریشر کورس کی روداد بیان کرتے ہوئے ڈاکٹر محمد ناظم علی نے پروفیسر افضال صاحب کے حوالے سے لکھا کہ ”اردو والوں کا خواب شرمندہ تعبیر مانو سے ہوا۔لیکن ذمہ داران پر یہ گراں بہار ذمہ داری عائد ہوتی ہے کہ دانش مندانہ و مفکرانہ انداز سے اس کے منصوبوں پر عمل آوری کریں۔ مانو ایک مشن ہے اور اس کو منزل مقصود تک پہونچانا سب کی ذمہ داری ہے“ عثمانیہ یونیورسٹی صدی تقاریب کے ضمن میں منعقدہ سمینار کی رپورٹ میں پروفیسر انور معظم کے حوالے سے انہوں نے لکھا کہ ”اردو کا بنیادی سطح پر کام ہونا ہے۔ جڑیں سوکھ رہی ہیں۔اس کی آبیاری ناگزیر ہے“۔ ڈاکٹر محمد ناظم علی نے اردو کے دیگر کئی سمیناروں میں شرکت کی اور ان کی روداد کو دلچسپ انداز میں پیش کیا۔ چاہے وہ گری راج کالج نظام آباد کا سمینار ہو یا تلنگانہ یونیورسٹی‘ مولانا آزاد اردو یونیورسٹی یا کسی اور کالج کا۔ ان سمیناروں کی روداد پڑھنے سے اندازہ ہوتا ہے کہ سمینار میں موضوع سے متعلق کون کونسے گوشوں پر مباحث ہوئے اور ان کا نتیجہ کیا رہا۔ ڈاکٹر محمد ناظم علی

کے یہ ادبی رپورتاژ گزشتہ دو دہائیوں میں دکن کی ادبی تاریخ کی حیثیت رکھتے ہیں ۔اور کافی عرصہ گزر جانے کے بعد جب ان رپورتاژوں کا مطالعہ کیا جائے تو پتہ چلتا ہے کہ حیدرآباد اور علاقہ تلنگانہ میں کون کونسے پروگرام ہوئے تھے۔ان رپورتاژوں میں جن ماہرین کے بیانات کے اقتباسات شامل ہیں ان سے ادب کے بارے میں دانشوروں کی رائے کا پتہ چلتا ہے۔اردو زبان کے مسائل اوران کے حل سے واقفیت ہوتی ہے۔حیدرآباد میں جناب جلیل پاشا مرحوم کی جانب سے ہر سال منعقد ہونے والی کل ہند اردو کانفرنسوں کی روداد کا پتہ چلتا ہے۔یہ رپورتاژ اردو زبان وادب تحقیق وتنقید کا اشاریہ ہیں جن کی بنیاد پر اردو کے اسکالر تحقیق وتنقید میں قدم بڑھا سکتے ہیں۔ڈاکٹر محمد ناظم علی کا اسلوب نگارش سادہ اور رواں ہے وہ ایک اعتدال پسند اور حق گو نقاد کی طرح دوران گفتگو اپنی رائے بھی دیتے جاتے ہیں۔ جو موزوں اور بر وقت لگتی ہے۔ڈاکٹر محمد ناظم علی نے رپورتاژ نگاری کی جس روایت کو اس تصنیف میں پیش کیا ہے اس سے امید ہے کہ اردو رپورتاژ نگاری کا دامن وسیع ہوگا۔ ہر علاقے کے ادیب یا اردو اسکالرز اس طرح کے رپورتاژ پر مبنی کتابیں شائع کرتے رہیں تو اردو کے ادبی اجلاسوں کی تاریخ مرتب ہوسکتی ہے۔ ڈاکٹر محمد ناظم علی کو ان کی اس منفرد کتاب کی اشاعت پر مبارکباد پیش ہے۔امید ہے کہ ڈاکٹر محمد ناظم علی اسی طرح ادبی رپورتاژ پیش کرتے رہیں گے اور اردو زبان وادب کے قاری کو ادبی اجلاسوں کی روداد سے استفادے کا موقع ملے گا۔اردو اکیڈیمی کے جزوی مالی تعاون سے شائع ہونے والی اس کتاب کو مصنف سے فون: 9397994441 پر رابطے سے حاصل کیا جاسکتا ہے۔

نام کتاب : رحمٰن کے مہمان

مصنف : سید آصف الدین ندوی قاسمی

حج اسلام کا پانچواں رکن ہے۔ یہ ایک ایسی مالی عبادت ہے جو ہر صاحب استطاعت مسلمان پر زندگی میں ایک مرتبہ فرض ہے۔ اور اللہ کا کرم ہے کہ اس زمانے میں وسائل کی دستیابی سے اکثر مسلمان اس فریضہ کی ادائیگی کی سعادت حاصل کر رہے ہیں۔ حج چونکہ کافی خرچ سے کافی مسافت طے کرنے کے بعد بڑی مشقتوں کا سامنا کرتے ہوئے ادا کیا جاتا ہے اس لیے ضروری ہے کہ اس عبادت اور سفر حج سے متعلق ساری باتیں پہلے سے جان کر اور سیکھ کر کی جائیں تو دل کو طمانیت رہے گی کہ ہم نے احکام الٰہی اور سنت نبوی ﷺ کے مطابق یہ فریضہ انجام دیا۔ عبادت کے بارے میں عادت اللہ ہے کہ اسے سیکھ کر اور توجہ سے ادا کی جائے نماز میں غلطی ہو تو جس طرح سجدہ سہو لازم ہے اسی طرح حج کے ارکان میں بھول چوک ہو جائے تو جانور کی قربانی واجب ہے جسے دم کہتے ہیں۔ اس لیے حج کے امور سیکھنا ضروری ہیں۔ چونکہ عوام الناس روزمرہ کی عبادتوں کے علاوہ حج سے متعلق امور سے عام طور پر ناواقف رہتے ہیں اس لیے گزشتہ کچھ سال سے ہندوستان میں مختلف شہروں اور اضلاع میں عازمین حج کی باضابطہ تربیت کی جارہی ہے۔ حج کمیٹی کی جانب سے بھی تربیتی اجتماعات کا انعقاد عمل میں لایا جاتا ہے۔ انفرادی طور پر بھی کچھ لوگ حج وعمرہ سے متعلق عملی تربیت فراہم کرتے ہیں اور اس ضمن میں اردو اور دیگر زبانوں میں تربیتی مواد کی اشاعت اور تقسیم عمل میں لاتے ہیں۔ حیدرآباد اور تلنگانہ کے مختلف اضلاع میں انفرادی اور اجتماعی طور پر عازمین حج وعمرہ کی تربیت کرنے والوں میں ایک اہم نام مفتی سید آصف الدین ندوی قاسمی صاحب کا ہے۔ جو انسٹی ٹیوٹ آف عربک اسٹڈیز مہدی پٹنم کے ڈائرکٹر اور لبیک ایجوکیشنل و ویلفیر سوسائٹی کے بانی ہیں۔ گزشتہ 15 سال سے عازمین حج کی

کامیاب تربیت کررہے ہیں۔اس دوران تربیت حج وعمرہ سے متعلق اردواورانگریزی میں ان کی کتابیں تربیت عازمین حج وعمرہ اورحج وعمرہ کی خصوصی دعائیں وغیرہ شائع ہوکر مقبول ہوچکی ہیں۔2017ء میں انہوں نے اپنے والدین اوراہلیہ کے ساتھ سفرحج کیا تھا۔اس سفر کی روداد کو انہوں نے ایک سفرنامہ کی شکل میں پیش کیا جس کا نام ''رحمان کے مہمان'' ہے۔یہ کہنے کوتو مفتی صاحب کے سفرحج کا آنکھوں دیکھا حال ہے۔لیکن اس میں مستقبل میں حجازاورمدینہ منورہ کا سفر کرنے والے عازمین کے لیے بہت سی کام کی باتیں اورتربیت ہے۔ایک حاجی کا تجربہ دوسرے کے لیے مشعل راہ ہوتا ہے۔سفرکوئی بھی ہواس میں راحت نہیں ہوتی اورطرح طرح کی مشکلات پیش آتی رہتی ہیں۔یہ سفرعجم سے عرب کا ہے۔جہاں نیا ماحول اورنئی نئی سہولتوں کے درمیان لاکھوں کی بھیڑ ہوتی ہے دونوں حرمین میں ایک وقت میں دس تا بیس لاکھ لوگ نماز پڑھتے ہیں۔ ہرنماز کے بعد کافی ہجوم رہتا ہے اس طرح کے حالات ایک عازم کے لیے نئے ہوتے ہیں۔اور وہ پہلے ہی ان حالات سے باخبر نہ رہے تو گھبرا سکتا ہے۔حج کے لیے قرعہ نکلنے کے بعد سے سرکاری اورخانگی تیاری، ہر چیز بروقت اوراحسن طریقے سے انجام پہونچانا اورخیروخوبی سے مناسک عمرہ وحج ادا کرنا یہ اللہ کے کرم سے ہی ممکن ہے لیکن اس کے ساتھ بروقت درست اور مناسب تربیت ضروری ہے چونکہ مفتی سید آصف الدین ندوی صاحب نے دوسال قبل ہی یہ سفر کیا ہے چنانچہ ان کے لکھے ہوئے تاثرات تمام عازمین کے لیے اچھی رہنمائی کرتے ہیں۔یہی وجہ ہے کہ جب انہوں نے اپنا یہ سفرنامہ شائع کیا تو اہل علم نے اس کی پذیرائی کی۔حج میگزین میں یہ سلسلہ وارشائع ہوتا رہا ہے۔

سفرنامہ حج ''رحمان کے مہمان'' لکھنے کے طریقہ کار کے بارے میں مفتی صاحب نے لکھا کہ حرم میں نماز سے آدھا گھنٹہ قبل وہ حرم پہونچ جاتے تھےاورنماز سے فارغ ہوکرایک گوشہ میں بیٹھ کردن بھر کی روداد لکھتے جاتے تھے۔اس طرح حج کے ایام میں انہوں نے مناسک کی تکمیل کی اورروزمرہ پیش آنے والے مشاہدات کودلچسپ انداز بیان کے ساتھ اس انداز میں

پیش کیا کہ ایک مرتبہ جو اس کتاب کا مطالعہ شروع کردیتا ہے تو وہ اسے مکمل کر کے ہی دم لیتا ہے۔ اس سفر نامہ کی خصوصیت یہ ہے کہ بھلے ہی یہ مفتی صاحب کے سفر حج کی روداد ہے لیکن جو قاری اسے پڑھتا ہے اسے لگتا ہے کہ وہ بھی سفر حج میں ان کے ساتھ ہے۔ اور مناسک حج ادا کر رہا ہے۔ حج کے لیے احرام باندھنا' گھر سے روانگی' حج ہاؤز حیدرآباد میں حجاج کرام کا استقبال اور روانگی کے مناظر اور حج ٹرمنل حیدرآباد پر حجاج کے لیے خصوصی انتظامات کو انہوں نے اس انداز میں بیان کیا ہے کہ نئے عازمین کو اس سے کافی معلومات ہوتی ہیں۔ فلائٹ کے مناظر اور جدہ ایرپورٹ پر پہونچنے کے بعد امگریشن کلرینس بسوں میں عازمین کی اپنی اپنی عمارتوں کو روانگی سامان کی معلومات بلڈنگ کے احوال سبھی عازمین کے لیے رہبری کا سامان فراہم کرتے ہیں۔ مفتی صاحب کو قیام مکہ کے لیے حیدرآبادی رباط ملا تھا۔ وہاں کی سہولیات اور نظام زندگی کو انہوں نے دلچسپ انداز میں بیان کیا ہے۔ مفتی صاحب نے حالت احرام میں جدہ سے مکہ پہونچنے اور رباط سے حرم پہونچنے کے بعد پہلے عمرے کی ادائیگی کو اس انداز سے بیان کیا ہے کہ پہلی مرتبہ عمرہ کرنے والوں کو ان باتوں سے کافی رہنمائی ملتی ہے۔ حج ایک ایسا سفر ہے جہاں سارے عالم کے مسلمان جمع ہوتے ہیں اور ہمیں سارے عالم کے مسلمانوں کو سلام کرنے اور ان کی خیر خیریت دریافت کرنے کا موقع ملتا ہے۔ مفتی صاحب نے اس سفر نامے میں درمیان میں اپنے انفرادی تجربات بیان کئے کہ کس طرح حرم میں بیٹھنے کے دوران ان کی ملاقات پاکستان اور انڈونیشیائی عازمین سے ہوئی تھی اور ان سے کیا گفتگو رہی۔ حج سے قبل کے ایام میں اکثر عازمین مسجد عائشہ جا کر احرام باندھتے ہوئے عمرے کرتے ہیں اس ضمن میں بھی مفتی صاحب نے اہم معلومات فراہم کی ہیں۔ مکہ میں رہنے کے دوران سم کارڈ کی سہولت' فون کا استعمال' رباط میں وائی فائی کی سہولت کا حد سے زیادہ استعمال اور طواف کے دوران عازمین کی فوٹو گرافی کی لعنت کو دلچسپ انداز میں بیان کیا ہے۔ ہم دنیا سے کٹ کر اللہ کے دربار میں پہونچتے ہیں تا کہ ہم گناہوں سے پاک ہو کر لوٹیں لیکن فون کی بدولت عازمین کی عبادتوں میں اخلاص کی کمی دیکھی جارہی ہے جس

جانب مفتی صاحب نے اشارہ کیا۔مفتی صاحب چونکہ عربی سے واقف ہیں چنانچہ انہوں نے وہاں ہونے والے خطبات جمعہ کا خلاصہ بھی اس سفرنامہ میں پیش کیا۔حرم میں ہونے والی نئی تعمیرات کی تفصیل، برقی سیڑھیوں اسکیلیٹر کا استعمال، حرم میں دی جانے والی جدید ہدایات یہ وہ باتیں ہیں جو اس سفرنامے کا خاصہ ہیں اور دیگر تربیتی کتابوں میں نہیں ملتیں۔مفتی صاحب نے بعض ایسے تجربات بھی بیان کئے جو ہر عازم کو الگ الگ طور پر پیش آتے ہیں۔اپنی چپلوں کی حفاظت وہاں ایک اہم مسئلہ ہے اس کے تجربات کو بھی انہوں نے رہبری کے انداز میں پیش کیا۔

حج کا سفر 7 ذی الحجہ سے شروع ہو جاتا ہے۔مفتی صاحب نے لکھا کہ کچھ معلمین کے عازمین ٹرین سے منیٰ پہونچائے جاتے ہیں اور اکثر بسوں سے۔رات سے ہی عازمین کی منتقلی کا سلسلہ شروع ہو جاتا ہے۔حج کے لیے چونکہ پانچ دن منیٰ عرفات مزدلفہ اور منیٰ میں رہنا پڑتا ہے اس کے لیے عازمین کو کس قسم کی تیاری کرنا ہے یہ ساری تفصیلات اس سفرنامے میں ہیں۔درمیان میں پیش آنے والے واقعات بھی دیگر عازمین کے لیے رہنما ہو سکتے ہیں۔منیٰ میں قیام کے دوارن اوقات کا درست استعمال وہاں احرام کی پابندیوں کے ساتھ رہنا اور عرفات کو روانگی، وقوف عرفہ دعاؤں کو اہتمام بعد مغرب مزدلفہ کو روانگی رات بھر مزدلفہ میں رہنا اور صبح منیٰ پہونچ کر 10 ذی الحج کو بڑے شیطان کی رمی کرنا قربانی و حلق اور احرام اتارنا یہ ساری تفصیلات مشاہدات کی شکل میں پیش کی گئی ہیں۔درمیان میں مفتی صاحب نے بعض اہم مسائل بھی بیان کئے ہیں جیسے خواتین کے بال کاٹنے کی تفصیلات وغیرہ۔طواف زیارۃ' 11 اور 12 کو منیٰ میں اوقات کیسے گزاریں اور حج کی تکمیل ' مکہ مکرمہ میں دیگر مقدس مقامات کی زیارت اور مدینہ روانگی سے قبل کی تفصیلات ہمیں اس سفرنامے میں ملتی ہیں۔مدینہ روانگی سے قبل عمروں کی ادائیگی، زیادہ سے زیادہ وقت طواف کرنا اور دیگر اعمال کی جانب مفتی صاحب نے توجہ دلائی ہے۔واضح رہے کہ مکہ میں ہر نیک عمل کا بدلہ ایک لاکھ ہے تو یہاں صدقہ وخیرات کرنے تلاوت قرآن اور دیگر اذکار کی کافی اہمیت ہے۔مدینہ روانگی سے قبل طواف وداع، سامان باندھنا سفر مدینہ کے دلفریب نظارے اور مدینہ منورہ پہونچنے کے بعد ہوٹل کی سہولیات،

مدینہ میں حاضری مسجد نبوی ﷺ کے آداب، روضہ اقدس ﷺ کے سامنے پیش ہونا، دعاؤں کا اہتمام، مسجد نبوی میں ریاض الجنہ میں قیام، دیگر مقامات میں عبادات، جنت البقیع اور دیگر مساجد کا سفر اور مدینہ میں چالیس نمازوں کا اہتمام اور دیگر تفصیلات کو مشاہدات کے ساتھ پیش کیا ہے۔ مفتی صاحب نے اس سفر نامے میں انڈین حج مشن کی کارکردگی اور ہندوستانی عازمین کو کیسے ان سہولیات سے استفادہ اٹھانا ہے اس کی تفصیلات بھی دی ہیں۔ سفر حج کی تکمیل کے بعد ہندوستان واپسی اور اللہ کے حضور ہدیہ تشکر کی پیشکشی کے ساتھ اس سفر نامے کا اختتام عمل میں آتا ہے۔ مفتی صاحب نے واقعاتی انداز میں یہ سفر نامہ لکھا ہے اس لیے اس میں قاری اور عازمین کی دلچسپی برقرار رہتی ہے۔ عازمین حج وعمرہ اس کتاب کو اپنے مطالعے میں رکھیں۔ جن کو اردو پڑھنی نہیں آتی وہ کسی سے اس کتاب کے تمام حصے الگ الگ پڑھ کر سنیں اور فون میں ریکارڈ کر لیں۔ اس کتاب کی آڈیو تیار کی جائے تو بھی مناسب رہے گا اور تصاویر کی مدد سے ویڈیو بھی بن سکتی ہے۔ اسی طرح انگریزی اور دیگر زبانوں میں بھی یہ سفر نامہ پیش ہو تو مناسب رہے گا۔ کتاب کے آخر میں ڈاکٹر م ق سلیم اور دیگر کی آرا شامل ہے۔ حج وعمرہ کے ارکان کا اختصار سے بیان شامل کیا گیا ہے۔ کتاب ''رحمان کے مہمان'' کی قیمت 100 روپئے ہے۔ اور یہ مفتی صاحب سے ان کے فون نمبر 9849611686 پر رابطہ کرتے ہوئے حاصل کی جاسکتی ہے یا حیدرآباد کے اہم بک اسٹورز پر دستیاب ہے۔ امید کی جاتی ہے کہ ہر سال جو عازمین حج قرعہ کے ذریعے یا خانگی سفر حج کے لیے منتخب ہوئے ہوں وہ حج جیسی عظیم عبادت کو درست طور پر انجام دینے اور وہاں سفر کے دوران پیش آنے والے حالات سے پہلے سے باخبر رہنے کے لیے اس سفر نامہ ''رحمان کے مہمان'' کو ضرور مطالعے میں رکھیں گے اور سفر حج کے دوران ہر عمل سے پہلے اس کتاب کو پڑھیں گے۔ امید کی جاتی ہے کہ عازمین حج وعمرہ کی تربیت کے لیے مفتی سید آصف الدین ندوی قاسمی صاحب کی اس کاوش کو اللہ تعالیٰ قبولیت دوام بخشے گا اور اس کتاب سے اردو داں عازمین کی رہبری ہوتی رہے گی۔

نام کتاب : قدم قدم دانش

مصنف : قدیر دانش

قدیر دانش نظام آباد کے ابھرتے شاعر اور افسانہ نگار ہیں۔ 2015ء میں ان کا پہلا شعری مجموعہ ''قدم قدم دانش'' کے عنوان سے شائع ہوا۔ اور اب وہ اپنے منتخبہ افسانوں کے مجموعے ''دل ہے کھلی کتاب'' کے ساتھ اردو افسانے کے باذوق قارئین کی خدمت میں پیش ہو رہے ہیں۔ قدیر دانش کے ادبی ذوق کو پروان چڑھانے میں نظام آباد کے ادبی ماحول اور خاص طور سے نامور شاعر، صحافی و ادیب جمیل نظام آبادی کا اہم کردار رہا ہے۔ قدیر دانش نے اپنے شعری مجموعے میں اعتراف کے عنوان سے اظہار خیال کرتے ہوئے لکھا کہ اعظم روڈ پر جس زمانے میں اردو اکیڈیمی کا کتب خانہ ہوا کرتا تھا وہ کتابوں کے مطالعے کے لیے وہاں جاتے اور جمیل صاحب سے ملاقات بھی کرتے۔ جمیل صاحب کو دیکھ کر ہی ان میں شعر کہنے کا جذبہ پیدا ہوا اور کچھ اشعار لکھ کر ان سے اصلاح لی اور بہت جلد وہ شعر کہنے لگے۔ جس طرح شاعر اپنے سماج کا عکاس ہوتا ہے اسی طرح ایک افسانہ نگار بھی اپنے سماج اور اپنے عہد سے کہانیوں کو حاصل کرتا ہے اور اسے افسانے کے فن میں ڈھال کر پیش کرتا ہے۔ قدیر دانش نے اپنی شاعری میں جب اس طرح کے اشعار کہے ہیں کہ

بجلیاں گر رہی ہیں نفرت کی — جھگڑے ہم میں لگا گیا کوئی

وقت کا یہ عجیب منظر ہے — ہاتھ میں بھائیوں کے خنجر ہے

تو اندازہ ہوتا ہے کہ انہوں نے غزل کے دو مصرعوں کے ذریعے جو بات پوشیدہ انداز میں کہی تھی

اسے کھول کر نثر میں پیش کیا تو وہ افسانے ہو گئے۔قدیر دانش کی شاعری اور افسانوں کے مطالعے سے اندازہ ہوتا ہے کہ ان کی تخلیقات اپنے عہد کی آواز ہیں۔ایک عام آدمی اور ایک تخلیق کار میں یہی فرق ہوتا ہے کہ عام آدمی کسی کہانی سے گذر جاتا ہے۔لیکن ایک تخلیق کار اس کہانی کو محسوس کرتا ہے اور اسے لفظوں کا لباس پہنا کر خوبصورت تخلیق کی شکل میں پیش کرتا ہے۔قدیر دانش کے افسانے ہندوستانی سماج کے آئینہ دار ہیں اور ان افسانوں میں متوسط طبقے کے ہندوستانیوں کی زندگی کے مختلف رنگ وروپ پیش کیے گئے ہیں۔عشق اور اس میں ناکامی' شادی بیاہ'' زندگی کے مسائل' جہیز کی لعنت' شراب نوشی' دولت کی فراوانی کے سبب پیدا ہوانے والی سماجی برائیاں' رشتوں کی شکست وریخت' خوشی اور غم سب کچھ ان افسانوں میں موجود ہے۔

افسانوی مجموعہ ''دل ہے کھلی کتاب'' میں شامل پہلے افسانے کا عنوان ''پھول کی دانش مندی'' ہے۔اس افسانے میں محبت میں ناکامی کے بعد دوکرداروں ثریا اور فتح کی دوریاں دکھائی گئی ہیں۔اور پھر ایسے حالات پیش آتے ہیں کہ دونوں کا دیار غیر میں انتقال ہوتا ہے اور دونوں پاس پاس دفن ہوتے ہیں۔افسانہ نگار نے اپنی فن کاری ظاہر کرتے ہوئے دونوں کی محبت کو اس انداز میں پیش کیا کہ ایک کی قبر کا پھول ہوا کہ جھونکے سے دوسری قبر پر جا گرتا ہے۔اور اس طرح پھول دونوں کی محبت کے لافانی جذبے کی تصدیق کرتا ہے۔افسانہ ''نقلی اصلی سونا'' میں ہمارے سماج کے رستے ناسور جہیز کو موضوع بنایا گیا۔جب کہ رضیہ کے سسرال والے اس سے شادی کے بعد دوتولے سونے کا مطالبہ کرتے ہیں۔رضیہ اپنے والد مرزا صاحب سے سسرال والوں کے مطالبے کو ظاہر کرتی ہے۔مرزا صاحب بیٹی کی زندگی بچانے کے لیے وظیفہ کے بعد ملازمت کرتے ہیں اور ادھار رقم لے کر دوتولے کا انتظام کرتے ہیں۔لیکن کہانی کا انجام دلچسپ ہے کہ رضیہ کے گھر سے کوئی دوتولے کی انگوٹھی چرالیتا ہے۔پولیس تحقیقات شروع کردیتی ہے۔جب رضیہ کے والد دوتولے پیش کرتے ہیں تو سسرال والے رضیہ اور ان کے والد پر چوری کا الزام عائد کرتے ہیں لیکن پولیس گھر آکر رضیہ کی نند کے شوہر حنیف کو پکڑ کر لے جاتی ہے کہ وہ چور

ہے۔تب رضیہ کے سسرال والے معافی مانگتے ہیں اوراقرار کرتے ہیں کہ ہم نے اصلی سونے یعنی رضیہ کو پہچاننے میں غلطی کی تھی۔ اس طرح قدیر دانش کا یہ افسانہ سماج میں تعمیری کردار ادا کرتا ہے۔افسانہ ''نئی زندگی کی راہ'' بھی ایک کرداری افسانہ ہے جس میں سیما نامی لڑکی کی دل میں سوراخ کی بیماری پراس کے شوہر کی جانب سے بے اعتنائی کوظاہر کیا گیا۔لیکن جب علاج سے سیما اچھی ہوجاتی ہے تواس کے شوہر کو پچھتاوے کے سوا کچھ ہاتھ نہیں لگتا۔افسانہ ''انتخاب'' بھی متوسط طبقے کے سماجی مسائل سے ابھرتی کہانی کو پیش کرتا ہے جب کہ لا وارث ادیبہ کی زندگی میں اچانک اس کی نانی آتی ہے اوراسے اس کے ماضی کے احوال سناتی ہے کہ کس طرح اس کی ماں اسے چھوڑ گئی تھی۔لیکن اب اس کی نانی اوراس کے ماموں اسے واپس لینے آتے ہیں اورایک ماموں اپنے بیٹے کی شادی کی پیشکش ادیبہ سے کرتے ہیں جو منظور کر لی جاتی ہے۔ یہ بھی ایک تعمیری افسانہ ہے۔قدیر دانش کے افسانوی مجموعے میں ایک دلچسپ افسانہ ''چہرے پہ چہرہ'' ہے جس میں ریکھا اورارجن کی محبت کو دلچسپ انداز میں پیش کیا گیا ہے۔ ریکھا کا والد مکھیا کا قرض چکانے کی خاطر ریکھا کی مرضی کے خلاف مکھیا سے اس کی شادی کرادیتا ہے۔ جو چار بچوں کو باپ اورشرابی تھا۔ریکھا ارجن کو پانے کے لیے اسے مکھیا سے دوستی کرنے اور شراب پلانے کا کہتی ہے۔مکھیا شراب کے نشے میں رہتا ہے اورریکھا اورارجن رنگ رلیاں مناتے ہیں۔ایک رات مکھیا دونوں کو دیکھ لیتا ہے اورارجن کو ماردینے کی کوشش کرتا ہے۔لیکن جنگلی علاقے میں مکھیا کہ قتل ایک تیسرا شخص کردیتا ہے۔عدالتی تحقیقات سے پتہ چلتا ہے کہ مکھیا کو ریکھا کے والد نے ماردیا تھا۔بعد میں ریکھا اورارجن کی شادی ہوجاتی ہے۔اس افسانے میں قدیر دانش نے تجسس برقرار رکھا اور کہانی کو کئی دلچسپ موڑ دیئے۔افسانہ ''بے رحم دنیا'' میں بھی دو پیار کرنے والوں شکیل اورنکہت کے بچھڑ جانے اور ایک وقت میں مرجانے کا قصہ بیان کیا گیا ہے۔

افسانوی مجموعے میں شامل دیگر افسانوں کے عنوات گونگی' رحمت باراں' نئی زندگی کی راہ' خون کی قیمت' دوسری ماں' واپسی' محبت کا تحفہ' راہ ہموار' منزل' بے رحم دنیا' ہائے رے دل اور وفا کا پتلا

ہیں۔

قدیر دانش کو افسانہ نگاری کے فن پر عبور ہے۔ ان کے افسانے فنی محاسن پر پورے اترتے ہیں۔ ان کے افسانوں کا پلاٹ گتھا ہوا ہوتا ہے کہانی میں کہیں جھول نظرنہیں آتا۔ افسانے کا ایک اہم عنصر تجسس اور کشمکش ہے۔ قدیر دانش کے افسانے درمیان میں مکالموں یا کسی منظر سے شروع ہوتے ہیں۔ جیسے جیسے کہانی آگے بڑھتی ہے کرداروں کی گفتگو سے کہانی اور کردار اپنا تعارف خود کراتے ہیں۔ کہانی کا انجام بھی تجسس آمیز ہوتا ہے۔ جیسا کہ کہا گیا ان کے افسانے ہندوستان کے متوسط طبقہ کے ہندو مسلم گھرانوں سے تعلق رکھتے ہیں۔ ان کے کردار نوجوان اور شہری زندگی سے تعلق رکھتے ہیں۔ چند ایک افسانوں میں انہوں نے پریم چند کی طرح دیہاتی زندگی کو پیش کیا ہے اور مکھیا وغیرہ کرداروں کو اجاگر کیا۔ قدیر دانش نے اپنے افسانوں میں کرداروں کی گفتگو کے ذریعے بھی کہانی کو آگے بڑھایا ہے۔ افسانہ ''نقلی اصلی سونا'' میں باپ بیٹی کے مکالمے دیکھئے:

''ہلو۔ بابا جی''

''ہاں بیٹی''۔۔۔ بولو

''بابا جی میں بہت پریشان ہوں۔ میری ساس اور نند دو تولے سونے کے لیے مجھے تنگ کر رہے ہیں۔ بابا جی آپ سن رہے ہیں نا''۔

''ہاں بیٹی''۔ میں سن رہا ہوں''۔

پھر آپ کچھ کرتے کیوں نہیں۔

ہاں بیٹی میں تیری فکر میں ہوں۔ انشا اللہ کسی سے رقم ادھار لے کر تمہارا سونا ادا کر دوں گا۔''

مرزا صاحب نے اپنی بیٹی کو تسلی دے دی۔

قدیر دانش نے کہانی کے بیانیہ کے لیے خطوط کی تکنیک بھی استعمال کی ہے۔ افسانہ گونگی میں شمع اپنے محبوب کو خط لکھ کر اپنے احوال بیان کرتی ہے دیگر افسانوں میں بھی خط کی تکنیک استعمال کی

گئی ہے۔ بعض افسانوں میں قدیر دانش نے اپنے مفہوم کی ادائیگی کے لیے اردو کے مقبول اشعار استعمال کیے۔ اپنے افسانوں میں دلچسپی کا رنگ بھرنے کے لیے انہوں نے واقعہ نگاری اور منظر نگاری بھی خوب کی ہے۔ افسانہ ''واپسی'' کے آغاز میں منظر نگاری ملاحظہ ہو۔

''اونچی اونچی پہاڑیوں اور خوبصورت جنگل کا منظر بڑا ہی دلکش لگ رہا تھا۔ اچانک ایک تیز ہوا کا جھونکا آیا اور اسرار کو چونکا دیا۔ اسرار اپنے گھر کی چھت پر ٹہر کا جنگل کے خوبصورت پھولوں کے باغ کا نظارہ کر رہا تھا اچانک ایک لڑکی نظر آئی جو پھول چن رہی تھی''۔

قدیر دانش کو زبان و بیان پر بھی خاصا عبور ہے۔ سادہ اور سلیس انداز میں انہوں نے اپنے افسانوں کو پیش کیا ہے۔ ان کے کردار نفسیاتی کشمکش میں مبتلا ہونے کے باوجود زندگی کی حقیقتوں کا سامنا کرتے ہیں۔ اور اکثر فطری زندگی کے خواہش مند ہوا کرتے ہیں۔ ان کے کردار اکثر محبت کے پاکیزہ جذبوں کی عکاسی کرتے ہیں۔ مجموعی طور پر قدیر دانش کے افسانے دلچسپ ہیں اور اپنے عہد اور معاشرے کی کہانی بیان کرتے ہیں۔ انہیں چاہئے کہ وہ ادبی رسائل اور اخبارات کے ذریعے اپنے افسانوں کو عام کریں۔ اردو کے ابھرتے افسانہ نگاروں کا تعارف بھی ان دنوں مشکل امر ہے۔ اردو کے معیاری افسانوی رسائل کی عدم موجودگی' الیکٹرانک میڈیا کی بڑھتی مقبولیت کے سبب لوگوں میں مطالعے کے ذوق کی کمی کی وجہہ سے اچھے افسانہ نگاروں کی قدردانی نہیں ہو رہی ہے۔ ایسے میں تلنگانہ اردو اکیڈیمی قابل مبارک باد ہے کہ وہ فروغ اردو کے لیے اردو کے ادیبوں اور قلمکاروں کی تخلیقات کو زیور طباعت سے آراستہ ہونے کے لیے مالی تعاون کر رہی ہے۔

جس سے ابھرتے قلم کاروں کی تخلیقات سامنے آرہی ہیں جو خود فروغ اردو کی طرف ایک خوش آئیند قدم ہے۔ قدیر دانش کے اس افسانوی مجموعے کی ادبی حلقوں میں ضرور پذیرائی ہوگی۔ اور امید ہے کہ نظام آباد کی اردو دنیا سے ابھرنے والے یہ افسانہ نگار اردو افسانے کے افق پر ایک روشن ستارہ بن کر ابھریں گے۔

نام کتاب : رسالہ اسباق پونے

مدیر : نذیر فتح پوری

موجودہ دور میں اُردو زبان و ادب کے فروغ اور ادب کے بدلتے رجحانات سے قارئین کو واقف کرانے میں اُردو رسائل اہم رول ادا کر رہے ہیں۔ اُردو زبان و ادب سے وابستہ تنظیموں اور اداروں' اُردو داں طبقے' کالج اور یونیورسٹی اساتذہ اور کتب خانوں کی یہ ذمہ داری ہے کہ وہ اُردو کی خدمت کر رہے ان رسائل کی سرپرستی کریں اور ان کی خریداری کو عام کرنے میں تعاون کریں۔ اُردو رسائل کے مدیران کے حوصلے اور عزم کی داد دینی پڑے گی کہ ان نامساعد حالات میں بھی چراغ اُردو کی لو جلائے ہوئے ہیں۔ اور اُردو ادب کے چمن کی آبیاری کر رہے ہیں۔ ان دنوں اُردو رسائل کی بڑھتی مقبولیت کی ایک اہم وجہ یہ ہے کہ یہ رسائل ہر دو چار ماہ میں اپنے عہد کے یا ماضی کے کسی مشہور شاعر یا ادیب کے حیات اور کارناموں پر مبنی خاص نمبر نکالتے ہیں۔ یہ خاص نمبر تحقیقی اہمیت کے حامل بھی ہوتے ہیں کہ ان میں ایک شخصیت پر ایک ہی گوشے میں مختلف نقادوں اور ماہرین ادب کی آرا پر مبنی مضامین مل جاتے ہیں۔ اور کسی فنکار کو سمجھنے کا موقع مل جاتا ہے۔

ہندوستان میں جو ادبی رسائل ان دنوں مقبول ہیں ان میں ایک رسالہ سہ ماہی ''اسباق'' ہے۔ جو نذیر فتح پوری کی ماہرانہ ادارت میں پونہ سے نکلتا ہے۔ اور اس رسالے کا ماہ جنوری تا مارچ 2013ء خاص نمبر جدید لب ولہجہ کے شاعر ڈاکٹر محسن جلگانوی کے نام کیا گیا ہے۔ ڈاکٹر محسن جلگانوی ان دنوں روزنامہ اعتماد حیدرآباد کے ادبی صفحہ ''اوراق ادب'' کے مدیر ہیں۔ اور اپنی مہارت سے انہوں نے ایک اخبار کے ادبی صفحہ کو اردو کا معیاری ادبی میگزین

بنا دیا ہے۔ اور ایک ہی صفحہ کو شاعری، فکشن، تنقید اور دیگر اصناف سخن کا گلدستہ بنا دیا ہے۔ ''اوراق ادب'' کی مقبولیت کا یہ عالم ہے کہ لوگ دوشنبہ کو شائع ہونے والے اس ادبی صفحہ کا ہفتہ بھر انتظار کرتے ہیں۔۔ ڈاکٹر محسن جلگانوی کی شاعری کو بھرپور خراج پیش کرتے ہوئے برصغیر کے نامور نقاد پروفیسر مغنی تبسم نے کہا کہ ''محسن جلگانوی اس قبیلے کے شاعر ہیں جن کا سلسلہ ناصر کاظمی کے واسطے سے میر تک پہونچتا ہے۔ اور جن کا کام ہی آتش کدہ ءدرد کو روشن کرنا ہے۔ کبھی کبھی یہ آگ اپنے وجود کو جلا کر خاکستر کر دیتی ہے۔ لیکن فن اسی آگ میں تپ کر کندن بن جاتا ہے۔'' یہی وجہ ہے کہ نذیر فتح پوری نے فن کی آگ میں تپ کر کندن بن جانے والے شاعر ڈاکٹر محسن جلگانوی کو اپنے رسالہ ''اسباق سہ ماہی'' سے خراج پیش کرنے کا فیصلہ کیا۔ چنانچہ انہوں نے اس خاص نمبر میں ڈاکٹر محسن جلگانوی کے گوشے کو ان کی فکر و فن پر لکھے گئے ماہرین ادب کے مضامین سے سجایا ہے۔ گوشے کا آغاز ''محسن نامہ'' سے ہوتا ہے جس میں ڈاکٹر محسن جلگانوی کے حیات اور کارناموں کا احاطہ کیا ہے۔ جس سے پتہ چلتا ہے کہ ڈاکٹر محسن جلگانوی کا اصلی نام غلام غوث خان اور قلمی نام محسن جلگانوی ہے۔ والد کا نام مولانا عبدالواحد نقشبندی، تعلیم ایم اے ایم فل پی ایچ ڈی، ملازمت آفس سپرنٹنڈنٹ ساؤتھ سنٹرل ریلوے ہے۔ ڈاکٹر محسن جلگانوی نے شاعری کا آغاز 1960ء کے آس پاس کیا۔ ان کے چار شعری مجموعے شائع ہوئے۔ جو'' الفاف'' 1979۔ تھوڑا سا آسماں زمیں پر 1994ء۔ آنکھ سچ بولتی ہے 2001ء۔ اور'' شاخ صندل 2010ء۔ ہیں۔ اسی طرح ان کی دو نثری کتابیں'' سکندر آباد کی ادبی دستاویز 1989ء تالیف۔''پس مرگ'' حضرت سلطان نقشبندی کے مجموعہ کلام کی ترتیب و تدوین 1986ء مرتبہ۔ تجزیاتی مطالعے اور مصاحبے 2012ء نثری تصنیف۔ اور جنس درون جاں۔ شعری مجموعہ زیر طباعت ہیں۔ ڈاکٹر محسن جلگانوی کو ان کی تصانیف اور ادبی خدمات پر مہاراشٹرا اردو ساہتیہ اکیڈیمی ایوارڈ۔ بہار ساہتیہ سنسد ایوارڈ۔ غالب کلچرل اکیڈیمی ایوارڈ، اردو رائٹرز فورم ایوارڈ مہاراشٹرا۔ انجمن ادب اور ساؤتھ سنٹرل ریلوے ادب ایوارڈ۔ نشان امتیاز ایوارڈ محبوب نگر۔ سہ

ماہی اسباق پونے کا ادبی ایوارڈ۔ آندھرا پردیش، راجستھان، بہار اور مغربی بنگال اردو اکیڈیمیوں کے ایوارڈ ملے ہیں۔ اس کے علاوہ محسنؔ نامہ سے یہ بھی واضح ہوتا ہے کہ ڈاکٹر محسنؔ جلگانوی نے ریاض، جدہ اور مدینہ منورہ کے علاوہ ہندوستان کی مختلف ریاستوں میں شعری اور ادبی محفلوں میں بھی شرکت کی ہے۔ اس سے ان کی مقبولیت کا اندازہ ہوتا ہے۔ سہ ماہی اسباق کے اس ''ڈاکٹر محسنؔ جلگانوی نمبر'' میں جن مشاہیر کے مضامین شامل کئے گئے ہیں ان میں نذیر فتح پوری، ڈاکٹر مناظر عاشق ہرگانوی، ڈاکٹر محبوب راہی، عبدالاحد ساز، ڈاکٹر عقیل ہاشمی، ڈاکٹر قطب سرشار، ایم ایف پرویز، رؤف خلش شامل ہیں۔ ایم ایف پرویز نے اپنے مضمون ''اسکول کے زمانے کی کچھ یادیں'' میں ڈاکٹر محسنؔ جلگانوی کے شعری سفر کے آغاز کی یادیں بیان کیں کہ جلگاؤں کے اینگلو اردو ہائی اسکول سے تین میم ایم ایف پرویز، مشتاق قاضی اور محسنؔ جلگانوی مشہور ہوئے۔ انہوں نے اسکول کے زمانے میں قلمی رسالہ ''گلدستہ'' نکالا تھا جس میں وہ اپنی تخلیقات شامل کرتے تھے۔ جلگاؤں سے تیس کلومیٹر جام نیر سائیکل پر جا کر آل انڈیا مشاعرے میں شرکت کی۔ اور محسنؔ نے ترنم سے اپنی غزل اس وقت کے نامور شعرا کے سامنے پیش کی۔ محسنؔ جلگانوی کے ابتدائی دور کے اشعار سے ہی دردوالم کا اظہار ملتا ہے۔ محسنؔ کہتے ہیں

ے رات کو فٹ پاتھ کے سینے پہ سو جائے گا
صبح کو اخبار کا بستر اُٹھا لے جائے گا

ے لیکے پھرتی ہے ہر ضرورت پیٹ کی
ان دنوں ہجرت کوئی کرتا نہیں

ے میں منہدم مکان کے ملبے کی چیخ ہوں
محسنؔ مرے وجود کا پیکر سنبھالنا

ان اشعار کی پیشکشی کے ساتھ ایف ایم پرویز نے لکھا کہ۔ ''کئی سالوں کے بعد محسنؔ مجھ سے ملنے پونا آئے۔ تب مجھے پہلی بار اس بات کا علم ہوا کہ آں حضرت بھی کسی غم جاناں کے شکار ہوئے

تھے۔اورغم دوراں کے علاوہ غم جاناں نے ہی ان کی شاعری میں گہرائی اور شدت پیدا کی۔اولین دور میں وہ اسی پرانی ڈھب پر غزلیں کہتے رہے لیکن حیدرآباد پہنچ کرانہوں نے جدیدیت کی طرف رُخ موڑلیا''۔

مدیر اسباق نذیر فتح پوری نے اسباق کے گوشہ'' ڈاکٹر محسنؔ جلگانوی نمبر'' کے اپنے افتتاحی مضمون میں محسنؔ جلگانوی کے وطن جلگاؤں سے اپنے تعلق کو واضح کیا اور اس سرزمین سے ابھرنے والے اہم شعرا اور ادیبوں کا تعارف کرایا۔اور لکھا کہ جب میں محسنؔ صاحب سے متعارف ہوا تو وہ جلگاؤں چھوڑ کر سکندرآباد منتقل ہوگئے۔نذیر فتح پوری نے محسنؔ صاحب کے علمی سفر کے بارے میں لکھا کہ ''محسن جلگانوی نے ملازمت سے سبکدوشی کے بعد ادبی محفلوں کی صدارتوں کو ہتھیانے سے گریز کیا اور احباب کے ساتھ منافقانہ رویہ اختیار نہ کرتے ہوئے ایم فل اور پی ایچ ڈی کے مقالے سپرد قلم کرکے اپنی ڈاکٹریٹ کے خواب کو شرمندہ تعبیر کرلیا۔ڈاکٹر مناظر عاشق ہرگانوی نے اپنے مضمون ''محسنؔ جلگانوی کی غزلیں منفرد شناخت کا آئینہ'' میں ڈاکٹر محسنؔ جلگانوی کی غزل گوئی کے مختلف ابعاد کا ذکر کیا ہے اور مختلف اشعار کے انتخاب سے ان کے کلام میں پائی جانے والی خصوصیات کثیر المعانی' تہہ داری' اشاریت' رمزیت' پیکریت برجستگی 'احساس کی تازگی اور تجربات کے تنوع کو پیش کیا۔

ے ہوا کے ڈر سے دیئے کو بجھائے رکھتا ہے
وہ اپنے کرب کا چہرہ چھپائے رکھتا ہے

ے رات سورج کی تمازت کو نہیں مانتی
کم نگاہی مری قامت کو نہیں مانتی

ڈاکٹر محبوب راہیؔ نے مضمون'' ڈاکٹر محسنؔ جلگانوی کی بساط تخلیق'' میں محسنؔ صاحب کی تمام تخلیقات کا اجمالی جائزہ پیش کیا۔اور اردو شعروادب میں ان کے مقام کا تعین کیا ہے۔اختر حسن کے حوالے سے انہوں نے لکھا کہ 'محسن جلگانوی کو نئی نسل' نئی فکر' نئی آواز اور نئے لب و لہجے کا

شاعر تسلیم کرتے ہوئے ان کی جدیدیت میں نشاط زیست کے پیچیدہ اور پر اسرار مرحلوں سے آشنائی اور انکی شاعری کے داخلی آہنگ اور علامتی اسلوب کو نئے عہد کے نقاب پوش حقائق کا اظہار کہہ سکتے ہیں۔شعری مجموعہ ''آنکھ سچ بولتی ہے'' کے حوالے سے عبدالاحد سازؔ نے مضمون'' محسن جلگانوی کا آنکھوں بولا سچ'' لکھا ہے۔جس میں انہوں نے محسنؔ صاحب کی نظموں کا فکری و فنی اعتبار سے جائزہ پیش کیا ہے۔عبدالاحد ساز لکھتے ہیں'' محسنؔ جلگانوی کی موضوعاتی نظموں میں ترقی پسندانہ لہجہ اور بیانیہ نمایاں طور پر محسوس ہوتا ہے۔ان کے یہاں کسی نظریے یا ازم کا پرچار نہیں۔۔ان نظموں میں کہیں کہیں سردار جعفری کا بیانیہ اور کہیں ساحرؔ کی منطقی زاویہ آفرینی کا اثر محسوس کیا جاسکتا ہے۔ڈاکٹر عقیل ہاشمی نے بھی اپنا مضمون محسنؔ صاحب کے شعری مجموعے'' آنکھ سچ بولتی ہے'' کے فنی محاسن سے متعلق لکھا ہے۔وہ ڈاکٹر محسنؔ جلگانوی کے شعری رویے کے بارے میں لکھتے ہیں کہ'' آنکھ سچ بولتی ہے کا بالاستعیاب مطالعہ اس بات کی گواہی دے گا کہ ڈاکٹر محسنؔ جلگانوی بیسویں صدی کی ساتویں دہائی میں ابھرنے والے ان شاعروں میں سے ہیں جنھوں نے اپنی شاعری کو حالات کے سمندر میں موج بلا سے ڈٹ کر مقابلہ کرنے کے قابل بنایا۔انہوں نے جدلیاتی نظام میں صداقتوں کا ساتھ دیا۔خارجی عوامل پر نظر رکھی۔فرد وذات کی آفاقی حیثیت کو سمجھنے کی کوشش کی۔۔انہوں نے غزل کے توسط سے بہت کچھ کہا لیکن محظ غزل ہی پر اکتفا نہیں کیا ان کے ہاں پابند اور معریٰ نظموں کے علاوہ ہندی کویتائیں بھی ایک کیفیت اور حسن کی تخلیق کرتی ہیں۔تلگو اور اردو ادب کی کڑیاں ملانے میں مصروف اردو کے نامور شاعر اور ادیب ڈاکٹر قطب سرشار نے اپنے مضمون میں محسنؔ صاحب کی شاعری کی خصوصیات کو ان کے کلام کے انتخاب کے ساتھ پیش کیا۔انہوں نے ڈاکٹر محسنؔ جلگانوی کی شاعری کو نئی صدی کا آدمی نامہ قرار دیتے ہوئے لکھا کہ'' یہ شاعری اس داخلی کرب کی نمائندہ ہے جو خارجی خباثتوں کی پیداوار ہے۔۔اس میں ایک ایسا چھنا کا ہے جو اعتماد اور امیدوں کے ٹوٹ جانے سے پیدا ہوتا ہے۔

حیدرآباد کے ایک صاحب طرز شاعر رؤف خلش نے مضمون'' محسنؔ جلگانوی کی

نظموں کا صوتیاتی آہنگ اور موضوعاتی تنوع۔ ایک مطالعہ'' لکھا ہے۔ جس میں ڈاکٹر محسنؔ جلگانوی کے دوسرے شعری مجموعے''تھوڑا سا آسماں زمیں پر'' کے حوالے سے ان کے شعری آہنگ کو مثالوں کا ساتھ پیش کیا ہے۔ اور ان کے فن کا تجزیہ کرتے ہوئے لکھتے ہیں کہ ''ڈاکٹر محسنؔ جلگانوی کا شعری رویہ بالکلیہ محسوساتی رویہ ہے۔ جس کو وہ کبھی بصری پیکروں کے ذریعے کبھی لمسی پیکروں کے ذریعے ظاہر کرتا ہے۔ تشریح کی خاطر وہ کبھی بیان یا وضاحت کی سطح پر نہیں اتر تا۔ اس نے اپنا ایک مخصوص استعاراتی نظام ترتیب دیا ہے۔ جس میں الفاظ اور ترکیبیں کبھی استعارہ بالکنایہ، کبھی استعارہ تمثیلیہ کے طور پر بار بار اس کی نظموں میں در آتے ہیں۔۔۔ محسنؔ جلگانوی کا اسلوب اپنے دیگر ہم عصر شاعروں کے مقابلے میں قدرے جداگانہ ہے۔ یہ بلاشبہ اس کے فن کی اپنی اثر پذیری کی بات ہے جو اہل ذوق کے لئے تسکینیت کا سامان فراہم کرتی ہے۔

سہ ماہی اسباق پونہ کے اس ڈاکٹر محسنؔ جلگانوی خاص نمبر میں مدیر رسالہ نذیر فتح پوری نے ڈاکٹر محسنؔ جلگانوی کے فن کے بارے میں مشاہیر کی آراء کو بھی شامل کیا جن میں اختر حسن، ڈاکٹر مغنی تبسم، شاذ تمکنت، ڈاکٹر عالم خوندمیری، ظفر مراد آبادی، ڈاکٹر سیفی پریمی اور ابو سعادت جلیلی لاہور پاکستان کی آراء شامل ہے۔ اس سے اندازہ ہوتا ہے کہ ڈاکٹر محسنؔ جلگانوی کے فکر و فن پر قدیم و جدید دور کے ماہرین ادب نے اپنی رائے پیش کی ہے۔ جب کسی فن کار کے بارے میں تعریفی اور توصیفی دعوے کئے جاتے ہیں تو قاری ان دعوؤں کا اثبات بھی چاہتا ہے۔ اور اس کا اچھا طریقہ یہ ہے کہ فن کار کی تخلیقات کو قاری کے سامنے پیش کر دیا جائے تا کہ وہ خود فیصلہ کر لے کے فن کار کے بارے میں پیش کی گئی آرا کس قدر صحیح ہے اور ایک منصف کی طرح نذیر فتح پوری نے اپنے رسالے کے اس خاص نمبر میں ڈاکٹر محسنؔ جلگانوی کے کلام سے ابتدا میں اپنی توشیحی نظم جس کے ہر شعر کا آغاز تخلیق کار کے نام کے الفاظ سے ہوتا ہے کو شامل کیا۔ اس کے بعد محسنؔ جلگانوی کی کہی گئی حمد، نعت اور غزلوں کا انتخاب پیش کیا ہے۔ محسنؔ کا یہ شعر بھی ان کے فن کا عکاس ہے کہ

وہ سلیقہ سے مری فصل ہنر کاٹتا ہے

بخش دیتا ہے مرے ہاتھ تو سر کاٹتا ہے

اردو والوں میں آج کل تعارف کے دوران یہ جملہ سنا جانے لگا ہے کہ یہ میرے پیر بھائی ہیں۔ اس جملے کے حوالے سے میں کہہ دوں کہ ڈاکٹر محسن جلگانوی بھی میرے پیر بھائی ہیں۔ کیوں کہ انہوں نے اور میں نے یونیورسٹی آف حیدرآباد سے پروفیسر محمد انور الدین صاحب کے زیر نگرانی اردو میں پی ایچ ڈی کیا ہے۔ اور ایک ہی کانوکیشن تقریب میں ساتھ ساتھ پی ایچ ڈی کی ڈگری حاصل کی ہے۔ بہرحال میں نے اپنے پیر بھائی جناب ڈاکٹر محسن جلگانوی صاحب کے فکروفن کو اجاگر کرتے سہ ماہی رسالہ اسباق کے اس خاص نمبر کا تعارف وتبصرہ پیش کیا ہے۔ اس خاص نمبر میں محسن صاحب کی صحافتی خدمات پر بھی مضمون شامل ہوتا تو سونے پہ سہاگہ ہوتا۔ امید کہ رسالے کے مدیر آئیندہ کسی اشاعت میں اس کمی کو پورا کردیں گے۔ یہ رسالہ محسن صاحب جیسے محسن اردو پر تحقیقی کام کرنے والوں کے لئے ضرور ایک حوالے کی کتاب ہے۔ اور محسن صاحب کے چاہنے والوں کے لئے ایک جوہر نایاب۔ اسباق کے اس شمارے میں گوشہ پرکاش فکری کے علاوہ تحقیقی وتنقیدی مضامین' شعری انتخاب' کتابوں پر تبصرے' مکتوبات اور عالمی خبر نامہ بھی شامل ہیں جو مدیر اسباق کی فکر وجستجو کو ظاہر کرتے ہیں۔ رسالے کا اداریہ اردو کو دوسری سرکاری زبان بنانے سے متعلق مدیر کے بے لاگ حقائق کو اجاگر کرتا ہے۔ قارئین اسباق کے اس خصوصی نمبر کے علاوہ رسالے کی مستقل خریداری کے لئے مدیر اسباق سے پتہ: سائرہ منزل 230/B/102 ومان درشن سنجے پارک لوہگاؤں روڈ پونے 411032 مہاراشٹرا فون: 0091-9822516338 اور ای میل: nazir_fatehpuri2000@yahoo.com پر رابطہ پیدا کرسکتے ہیں۔

نام کتاب   :   باغباں کا فرض

مصنف   :   صلاح الدین ایوبی

بچے کسی بھی قوم کا عظیم سرمایہ ہوتے ہیں۔ایک بچہ اپنے والدین کے لئے دل کا سرور آنکھ کی ٹھنڈک ہوتا ہے۔ خاندان کو آگے بڑھانے اور والدین کا نام روشن کرنے کا سبب ہوتا ہے۔اس کی اچھی پرورش اور تعلیم وتربیت اسے مستقبل کا ذمہ دار شہری اور قوم وملک کا معمار بناتی ہے۔ بچہ اگر کسی مسلمان کے گھرانے سے تعلق رکھتا ہو تو اس کی دینی اور دنیوی اعتبار سے اچھی تربیت والدین کی اولین ضرورت اور گھر اور سماج کے لئے فی زمانہ باعث سکون بھی ہے۔ آج کے اس تہذیبی واخلاقی گراوٹ کے دور میں جب کہ اخلاقی قدریں پامال ہوچکی ہیں۔ اور اولاد کی خواہش کرنے والے والدین اپنی بگڑی اولاد کے کرتوت دیکھتے ہوئے یہ سوچنے لگتے ہیں کہ بداخلاق اولاد کے ہونے سے بے اولاد ہونا اچھا تھا تو ایسے تیرہ بخت ماحول میں اولاد کی اسلامی تعلیمات کی روشنی میں اور عصر حاضر کے تہذیبی ومعاشرتی خطرات سے بچتے ہوئے تربیت کرنا والدین کا اولین فریضہ ہے اور ہونا چاہئے۔ لیکن والدین کو فکر معاش اور گھر چلانے کی مصروفیات اور دکھاوے کے معاشرے میں برابری کی زندگی کی جستجو میں اتنا وقت نہیں ملتا کہ وہ اپنے بچوں کی اچھی تربیت کرسکیں۔ ہمارے سماج میں ایسا کوئی نظام یا نظام تعلیم بھی نہیں ہے جس میں ماں باپ کو اپنی اولاد کو تربیت کرنے کے اصول سکھائے جائیں۔ ہم میں سے اکثر والدین کی مادری زبان اردو ہے لیکن کوئی اردو میں تربیت اولاد کے ضمن میں اسلامی تعلیمات پڑھنے کی جستجو نہیں کرتا اور نہ ہی ایسی کتابیں پڑھتا ہے جس میں اسلامی تعلیمات کے ساتھ عصر حاضر کے سماجی تقاضوں کی تکمیل کرتی باتیں ہوتی ہیں۔ لیکن ہمارے سماج کے سنجیدہ ذہن کے ادیب اور مصلحین

ہر زمانے میں اس بات کے کوشاں رہتے ہیں کہ تربیت اولاد کے باب میں بھی کچھ رہنما کتابیں لکھی جائیں یا مرتب کی جائیں۔ اردو میں ’’مثالی ماں‘ تربیت اولاد اور اس نوعیت کی چند ایک کتابیں ہیں۔ جن کے مطالعے اور استفادے سے اور اپنے مشاہدات اور تجربات کو بروئے کار لا کر دیوبند سے فارغ اور حیدرآباد کے مدرسہ معہد البنات عروہ ایجوکیشنل ٹرسٹ کے استاذ حدیث اور مسجد فاروق امر اللہ ٹولی چوکی حیدرآباد کے امام وخطیب مولانا صلاح الدین ایوبی نے تربیت اولاد کے ضمن میں والدین کی ذمہ داریوں کو اجاگر کرتی ایک انتہائی اہم‘ مفید اور معلوماتی کتاب ’’باغباں کا فرض‘‘ کے عنوان سے ترتیب دی ہے۔ باغباں سے مصنف کی مراد بجا طور پر والدین ہیں۔ بچے ان کے لئے کورے کاغذ کی طرح ہیں چاہے ان کی کتاب زندگی پر پھول بنائے جائیں یا کانٹے یہ والدین کی ذمہ داری ہے۔ جس طرح باغبان اپنا خون جگر لگا کر ایک باغ کی نگرانی کرتا ہے۔ اور ایک پھول کے پودے کی زندگی سنوارنے کے لئے اس کے اطراف اُگ آئے بے کار پودوں کو بے دردی سے اُکھاڑ پھینکتا ہے اسی طرح تربیت اولاد کے باب میں بھی والدین کی ذمہ داری ہے کہ وہ بچوں کی تربیت کے دوران بے جا لاڈ پیار نہ کریں اور انہیں سدھارنے کے لئے پیار ومحبت کے ساتھ سختی والا معاملہ بھی اختیار کریں۔ کتاب ’’باغباں کا فرض‘‘ کے سرورق پر مصنف نے کتاب کے موضوع سے مطابقت رکھتے ایک اچھے شعر کا انتخاب کیا ہے۔ جو اس طرح ہے۔

کچھ باغباں ہیں برق وشرر سے ملے ہوئے　　یوں بے سبب نہیں ہیں چمن کی تباہیاں

اس شعر سے بھی تربیت اولاد کے ضمن میں والدین کی ذمہ داریوں کا پتہ چلتا ہے۔ کتاب ’’باغباں کا فرض‘‘ پر مصنف کے استاد حضرت مولانا محمد افضل صاحب کیموری استاذ دارالعلوم دیوبند نے نظر ثانی کی ہے اور یہ وضاحت کی ہے کہ صاحب کتاب نو آموز مصنف ہیں لیکن ادیبانہ طرز نگارش رکھتے ہیں۔ اور کڑوی بات کو بھی میٹھے انداز میں بیان کرنے کی صلاحیت رکھتے ہیں۔ کتاب کا پیش لفظ حضرت مولانا نثار احمد حصیر القاسمی سکریٹری جنرل اکیڈیمی آف ریسرچ اینڈ اسلامک اسٹڈیز حیدرآباد وصدر مدرس معہد البنات عروہ ایجوکیشنل ٹرسٹ حیدرآباد نے لکھا

ہے۔جس میں انھوں نے تربیت اولاد کی اسلامی ذمہ داری سے واقف کرانے کے بعد اس معاملے میں سماج میں پائی جانے والی بعض کوتاہیوں کی طرف بجا اشارہ کیا ہے۔وہ لکھتے ہیں۔

''خاندان کی پہلی واولین ذمہ داری اور بنیادی اہمیت یہ ہے کہ حسن ادب اور حسن تربیت کے لئے انتھک کوشش جاری رکھے۔مگر آج اس وقت افسوس کرنا پڑتا ہے جب ہم اپنی آنکھوں سے دیکھتے ہیں کہ خاندان اور فیملی کے اندر ہمارے بچوں کو کوئی نمونہ نہیں مل رہا ہے۔خود والدین اپنے بچوں کے لئے نمونہ نہیں چھوڑتے۔والدین اپنے بچوں کو کسی چیز سے روکتے یا کسی چیز کو کرنے کا حکم تو دیتے ہیں مگر ان کے سامنے کوئی آئیڈیل یا نمونہ پیش نہیں کرتے کہ بچے اسی کی نقالی کریں۔یہ تربیت کی مصیبتوں میں سے ایک سنگین مصیبت یا آفت ہے۔(پیش لفظ۔ص۔ ۱۱) باتیں دل کی عنوان سے مصنف نے اس کتاب کی وجہ تصنیف بیان کی ہے اور ایک اہم نکتہ کی طرف توجہ دلائی کہ والدین کو اپنے بچوں سے شکایت رہتی ہے کہ وہ ان کا خیال نہیں رکھتے ایسا کیوں ہے اس ضمن میں منصف صلاح الدین ایوبی لکھتے ہیں۔

''اگر غور کیا جائے تو معلوم ہوگا کہ اولاد کا اپنے ماں باپ کے حقوق ضائع کرنا اور ان کی نافرمانی و بغاوت پر اتر آنا والدین کا اس پر روتے رہنا اور دوسروں کے پاس اولاد کی شکایتیں لے جانا صرف اور صرف اس بات کا نتیجہ ہے کہ خود والدین نے تعلیم و تربیت اور پرورش و پرداخت کے تعلق سے اولاد کے حقوق ضائع کیے ہیں اور اسی کی پاداش میں آج والدین کے حقوق ضائع ہو رہے ہیں اس لئے مناسب معلوم ہوا کہ اولاد کو مخاطب بنا کر ان کے سامنے والدین کے حقوق اجاگر کرنے کے بجائے کیوں نہ خود والدین کو پہلے مخاطب کر کے اولاد کے حقوق سے غفلت سے متنبہ کیا جائے اور انہیں ان کی ذمہ داری کا احساس دلایا جائے تاکہ اولاد کے لئے کچھ لکھنے کی چنداں ضرورت ہی باقی نہ رہ جائے''۔(باتیں دل کی۔ص۔۲۰)

مصنف صلاح الدین ایوبی نے اپنی اس کتاب میں ضمنی عنوانات کے تحت تربیت اولاد اور والدین کی ذمہ داریوں سے متعلق مختلف امور بیان کئے ہیں۔اور کُل ۱۲۸ صفحات کی کتاب میں

۷ ۷ عنوانات کے تحت مواد پیش کیا ہے۔ جس میں تربیت اولاد کے دینی' دنیاوی' نفسیاتی' سائنسی اور سماجی و تہذیبی امور شامل ہیں۔ کتاب کا آغاز کرتے ہوئے مصنف نے اس پہلو کی طرف اشارہ کیا ہے کہ والدین کی مادہ پرستی اور روحانیت پر یقین کی کمی سے وہ اپنے بچوں کی دینی مزاج پر تربیت نہیں کرنا چاہتے۔ انہیں ڈر رہتا ہے کہ بچہ دینی تعلیم حاصل کرے تو دنیاوی معیشت میں پیچھے رہ جائے گا حالانکہ بقول مصنف دینی تعلیم سے اخلاق سنورنے اور عقائد کی درستگی کے ساتھ فکر معاش کی بھی سہولت ہے جس پر آج کے والدین کا یقین کمزور ہے اور وہ اپنے بچوں کی صحیح تربیت کرنے سے قاصر ہیں۔ تربیت اولاد سے غفلت میں مغربی ذہنیت کی کارفرمائی کا ذکر کرتے ہوئے مصنف کہتے ہیں کہ عورتوں کا ملازمت کے لئے گھر سے باہر نکلنا بھی خاندانی نظام کی شکست وریخت کا اہم سبب ہے۔ چنانچہ والدین کی تربیت سے محروم بچہ بڑا ہوکر اپنے ماں باپ کی خدمت نہیں کرتا اور انہیں اولڈ ایج ہوم کے حوالے کر کے سسکتی موت مرنے کے لئے چھوڑ جاتا ہے۔ چنانچہ مادہ پرستی اور مغرب پرستی کے خطرناک نتائج سے انتباہ دیتے ہوئے مصنف والدین پر زور دیتے ہیں کہ اسلامی تعلیمات پر عمل آوری میں ہی تربیت اولاد کی بہتری مضمر ہے۔ مصنف مثال دیتے ہیں کہ ماں باپ دنیا کی ایک آگ کے شعلے کی طرف لپکتے بچے کو آگے بڑھ کر روک لیتے ہیں لیکن وہ مغرب زدہ ذہنیت سے روکنے کی کوشش نہیں کرتے جو دنیاوی آگ سے زیادہ خطرناک نتائج رکھتی ہے۔ چنانچہ والدین کو تربیت اولاد کے ضمن میں قران وحدیث کے احکامات بیان کئے جاتے ہیں کہ اولاد اللہ کی نعمت ہے اور ان کی تربیت والدین کے لئے صدقہ ہے۔ تربیت اولاد کے مدارج بیان کرتے ہوئے مصنف لکھتے ہیں کہ تربیت کا زمانہ ابتداء سے ہو۔ بچوں کو نظریاتی اور عملی تعلیم دی جائے بچوں کے مزاج کو پرکھا جائے۔ نرم مزاج بچے سے نرمی سے اور شریر بچے سے سختی سے نپٹا جائے بچوں کی پسند کا لحاظ رکھا جائے لیکن بے جا خواہشوں کی تکمیل نہ کی جائے۔ اعلیٰ تعلیم کے معاملے میں والدین کی پسند کے بجائے بچوں کی پسند کو ترجیح دی جائے تو مناسب رہے گا۔ والدین بچوں کی تعظیم کریں اور ان کے سامنے کوئی غلط کام جیسے

سگریٹ نوشی وغیرہ نہ کریں۔ بچوں کو نصیحت کے لئے مناسب وقت دیکھا جائے اور تربیت اولاد کا ایک باب یہ بھی ہے کہ ان کی ذہن سازی کے لئے انہیں سچی کہانیاں سنائی جائیں۔ کیونکہ بچے کہانی شوق سے سنتے ہیں اور ان سے اثر لیتے ہیں۔ بچوں کو جب بات کرنا سکھایا جائے تو انہیں کلمہ پڑھایا جائے اور جب وہ سمجھدار ہوں تو انہیں توحید و رسالت کا سبق پڑھا کر ان کا عقیدہ درست کیا جائے۔ تاکہ اس کی بنیاد مضبوط ہو اگر بچے کو تقدیر پر یقین دلا جائے کہ اچھا اور برا اللہ کی طرف سے ہوتا ہے تو وہ اللہ پر راضی بہ رضا رہے گا ورنہ مغرب کی طرح دیوانہ پاگل ہو جائے گا۔ بچوں میں خوف خدا پیدا کرنے اور انہیں بروقت نماز کا پابند بنانے کی بھی مصنف نے اہمیت دی ہے کہ یہ وہ بنیادی امور ہیں جن پر ایک بچے کی تربیت کی اچھی عمارت قائم ہوگی۔ مصنف نے بچوں کا نفسیاتی مطالعہ پیش کرتے ہوئے لکھا کہ خوبصورت، اکلوتا اور بیمار بچہ بگڑ سکتا ہے۔ مصنف نے بچوں کا اطاعت فرماں برداری سکھانے جھوٹ سے بچنے اور سچ بولنے کی طرف راغب کرنے کی ضرورت بیان کی اور حضرت عبدالقادر جیلانیؒ کے بچپن کا واقعہ بیان کیا جن کے ایک سچ نے ڈاکوؤں کی زندگی بدل دی تھی۔ بچوں میں دیگر اخلاقی باتیں جیسے پیار و محبت، کفایت شعاری، شائستہ گفتگو، خود اعتمادی، صفائی وستھرائی، حسن انتظام، نظام الاوقات کی پابندی، صبح کی جلد بیداری، کھیل کود میں حصہ لینا، احساس ذمہ داری اور بہتر دوستوں کے استعمال کے ضمن میں کام کی باتیں بتائی ہیں۔ جن کا جاننا والدین اور بچوں کے لئے بے حد ضروری ہے۔ بری صحبت کا برا اثر ہوتا ہے اس لئے اپنے بچوں کو اچھے دوستوں کی صحبت دلایئے یہ مصنف کا کہنا بجا ہے۔ مصنف نے بچوں میں اخلاق حسنہ پیدا کرنے کی تفصیلات دینے کے ساتھ چند برائیاں بھی بیان کر دیں جن سے بچوں کو بچانا ضروری ہے جیسے بچوں کا گالی گلوچ کرنا، بے رحمی، خود غرضی، حسد جلن، تکبر وغیرہ برائیوں میں مبتلا رہنا۔ ان امور سے بچوں کو بچانا والدین کے لئے ضروری ہے۔ تربیت اولاد کے یہ روایتی امور بیان کرنے کے بعد مصنف صلاح الدین ایوبی نے تربیت اولاد کے ضمن میں رکاوٹ بننے والی عصری برائیوں کا ذکر کیا ہے اور موبائل، ویڈیو گیم اور انٹرنیٹ کو

بچوں کے لئے سم قاتل قرار دیا ہے۔اس کے لئے انہوں نے مشورہ دیا ہے کہ انٹرنیٹ کو اگر تعلیمی اغراض کے لئے استعمال کرنا ہے تو والدین کی نگرانی میں کرایا جائے ورنہ بچوں کو تنہا انٹرنیٹ کے ساتھ نہ چھوڑا جائے۔ کیونکہ آج کل اس کے خطرناک سماجی اثرات رونما ہو رہے ہیں۔بچوں کو ان کی غلطی پر سرزنش اور سزا کے ضمن میں بھی مصنف نے فلسفیانہ انداز میں اصول بیان کئے ہیں۔انہوں نے والدین سے کہا کہ وہ بچوں سے گھریلو اور تعلیم کے معاملے میں مشورے بھی کریں اور ان کی رہنمائی کرتے ہوئے ان کے حق میں فیصلے کریں۔بچوں کی تربیت کے زمانے کو ان کی شادی تک جاری رکھنے کی ضرورت پر زور دیتے ہوئے فاضل مصنف نے لکھا کہ اسلامی تعلیمات کی روشنی میں بچوں کی بروقت شادی کی جائے۔اور انتخاب میں دولت یا حسن کو معیار بنانے کے بجائے سیرت کو فوقیت دی جائے۔کتاب کے آخر میں چند متفرق نصیحتیں بھی تربیت اولاد کے ضمن میں دی گئی ہیں۔اس طرح یہ کتاب باغبان والدین کو ان کے فرائض سے بخوبی واقف کراتی ہے۔اور ہر ماں باپ کی ذمہ داری ہے کہ وہ اپنی زندگی کی مصروفیتوں میں سے کچھ وقت نکالیں اور تربیت اولاد کے ان سنہری اصولوں کا مطالعہ کریں ورنہ اولاد کے بگڑنے کے بعد گلے شکوے کرنا مناسب نہیں۔ضرورت اس بات کی ہے کہ اس طرح کے کتابوں کو عام کیا جائے اور کتاب کے موضوعات پر مبنی خصوصی لیکچر رکھے جائیں۔ چند ایک تصحیح کی غلطیوں اور مصنف کے بعض موقعوں پر جذباتی ہونے سے قطع نظر کتاب ''باغباں کا فرض'' اپنے موضوع پر ایک معیاری اور بیش قیمت کتاب ہے۔اور اسے ہر اردو داں گھر میں ہونا چاہئے۔کتاب پر قیمت درج نہیں ہے لیکن یہ کتاب ایوبی بک ڈپو معراج کالونی ٹولی چوکی' معارف بک ڈپو نز دلمرا ہوٹل حکیم پیٹ ٹولی چوکی' دکن ٹریڈرس مغلپورہ اور مصنف سے فون 9394717576 سے حاصل کی جاسکتی ہے۔

نام کتاب : مضامین شیلا راج

مصنف : عبدالعزیز سہیل

ڈاکٹر محمد عبدالعزیز سہیل اردو ادب کے ابھرتے محقق مبصر و نقاد ہیں۔انہوں نے جامعہ عثمانیہ سے پروفیسر فاطمہ پروین کے زیر نگرانی حیدرآباد دکن کی نامور مورخہ اور کائستھ خاندان کی چشم و چراغ ڈاکٹر شیلا راج کی علمی و ادبی خدمات پر پی ایچ ڈی کا مقالہ لکھ کر ڈاکٹریٹ کی ڈگری حاصل کی۔اردو اقامتی اسکول حیدرآباد میں مدرس ہیں۔اپنے ادبی ذوق کی تکمیل کے لیے اکثر اردو ادیبوں اور شعراء کی کتابوں پر تبصرے لکھ کر اردو روزناموں اور رسائل میں اہتمام سے شائع کراتے ہیں۔ان میں تنظیمی صلاحتیں بدرجہ اتم موجود ہیں۔اردو کے سمینار منعقد کرانا اور دیگر تنظیموں کو قومی اردو کونسل کی اسکیمات سے استفادہ کرانے اور سمیناروں کے انعقاد کے لیے مکمل رہبری کرتے ہیں۔اردو کتابوں کی اشاعت کا انہیں اچھا تجربہ ہے۔اور مجموعی طور پر وہ حیدرآباد دکن سے اردو کے روشن مستقبل کے نقیب ہیں۔ڈاکٹر محمد عبدالعزیز سہیل کی اردو تحقیق و تنقید اور تبصرہ نگاری میں اب تک آٹھ کتابیں شائع ہو چکی ہیں۔جن میں ادبی نگینے' ڈاکٹر شیلا راج کی تاریخی و ادبی خدمات' سماجی علوم کی اہمیت مسائل اور امکانات'میزان نو' مولوی محمد عبدالغفار حیات و خدمات' دیار ادب' رونق ادب اور فکر نو شامل ہیں زیر تبصرہ کتاب مضامین ڈاکٹر شیلا راج ڈاکٹر محمد عبدالعزیز سہیل کی نویں کتاب ہے۔یہ ایک مرتبہ کتاب ہے جس میں انہوں نے ڈاکٹر شیلا راج کے مضامین کو ترتیب دیا ہے۔چونکہ مرتب نے ڈاکٹر شیلا راج پر تحقیقی کام کیا تھا ان کی نظر سے شیلا راج کی ساری تصانیف اور مضامین گزرے تھے۔اپنے تحقیقی کام کو وسعت دیتے ہوئے انہوں نے ڈاکٹر شیلا راج کے مضامین کو مرتب کر کے شائع کرانے کا فیصلہ کیا۔یہ کتاب

2019 میں اردو اکیڈمی تلنگانہ اسٹیٹ کہ جزوی مالی تعاون سے شائع ہوئی۔ اردو کی قدیم اور اہم کتابوں کو مرتب کرنا یا کسی ادیب کے مضامین یا شعری مجموعے کو اکھٹا کرنا بھی ایک اہم تالیفی، تحقیقی وتنقیدی کام ہے جس سے ادب کے ذخیرے میں اضافہ ہوتا ہے۔ حیدرآباد کی چارسو سالہ قدیم تاریخ میں یہاں کئی ایسی شخصیات گزری ہیں جن کے ادبی کارناموں کو منظر عام پر لانا وقت کی اہم ضرورت ہے۔ ڈاکٹر شیلا راج حیدرآباد کے نظام دور حکومت میں گنگا جمنی تہذیب کی علمبردار تھیں۔ ان کا کائستھ گھرانہ نظام دور حکومت میں اہم عہدوں پر فائز رہا۔ ڈاکٹر شیلا راج اور ان کے شوہر نارائن راج نے انگریزی کے علاوہ اردو میں بھی کافی کتابیں اور مضامین لکھے ہیں۔ ڈاکٹر شیلا راج نے اپنے مضامین میں سلاطین دکن خاص طور سے آصف سابع میر عثمان علی خان کی رواداری اور ان کے دور حکومت میں حیدرآباد میں زندگی کے تمام شعبوں میں ہونے والی ترقی کو اجاگر کیا ہے۔ اس طرح ڈاکٹر محمد عبدالعزیز سہیل نے ڈاکٹر شیلا راج کے مضامین کو ایک بسیط مقدمے کے ساتھ شائع کرتے ہوئے حیدرآباد کی قدیم تہذیب وتمدن کو اردو کی نئی نسل تک پہونچانے کا اہم ادبی فریضہ انجام دیا ہے۔ مرتبہ کتاب مضامین شیلا راج کا پیش لفظ حیدرآباد دکن کی نامور مزاح نگار اور جامعہ عثمانیہ کی استاد ڈاکٹر حبیب ضیاء نے لکھا۔ وہ پیش لفظ میں لکھتی ہیں کہ ''ڈاکٹر محمد عبدالعزیز سہیل نے ڈاکٹر شیلا راج کے لکھے تمام مضامین کا وسیع النظری سے مطالعہ کرکے ان کا تنقیدی جائزہ لیا ہے جس سے ان کے ادبی ذوق، سچی لگن اور کاوشوں کا اندازہ ہوتا ہے''۔ کتاب میں آغاز میں ایک تعارفی مضمون سید رفیع الدین قادری صاحب نے لکھا جس میں انہوں نے ڈاکٹر شیلا راج کا تعارف اور ان کی تصانیف پر اظہار خیال کیا ہے۔ کتاب شاہان آصفیہ کی رواداری اور ہندو مسلم روایات کے ضمن میں انہوں نے لکھا کہ ''اس کتاب میں محبوب علی خاں آصف جاہ سادس کی رواداریوں اور وسیع النظری، روشن خیالی، دور اندیشی، محبت و اخوت، ہندو مسلم اتحاد کو نمایاں کرنے والے مضامین شامل ہیں۔ اس کتاب کی پورے ملک میں اتنی مانگ ہوئی کہ مسلم یونیورسٹی علی گڑھ کی جانب سے اس کو ہندوستان کی دوسری زبانوں میں

شائع کرنے کی ضرورت پر زور دیا گیا اور مسلسل اصرار پر آپ کے شوہر ڈاکٹر نارائن راج جو اردو کے سچے بہی خواہ اور شعر و سخن کے دلدادہ اور اپنی شریک حیات سے سچی محبت کرنے والے شوہر ہر قدم پر آپ کی رہنمائی' ان کے نام اور کام کو زندہ رکھنے کی کوشش کر رہے ہیں انہوں نے 2010ء میں اپنے ذاتی صرفے سے مولانا آزاد نیشنل اردو یونیورسٹی کے شعبہ ترجمہ سے اس کتاب کو انگریزی زبان میں ترجمہ کر کے شائع کروایا''۔ڈاکٹر نارائن راج نے تاثرات کے عنوان سے ڈاکٹر محمد عبدالعزیز سہیل کے اس تالیفی کام کی ستائش کی اور لکھا کہ ''ڈاکٹر عزیز سہیل نے میری (اہلیہ) ڈاکٹر شیلا راج کے تحقیقی مضامین جو تاریخی اعتبار سے اہمیت کے حامل ہیں مرتب کرنے کی مجھ سے اجازت لی۔ میں ان کا شکریہ ادا کرتا ہوں کہ انہوں نے حیدرآباد دکن بالخصوص آصف جاہی عہد کا احاطہ کرنے والے ان اہمیت کے حامل تحقیقی مضامین کو دوبارہ اردو کے قارئین کے لیے پیش کرنے کی سعی کی تا کہ لوگ حیدرآباد کی تہذیب تمدن' قومی یکجہتی اور رواداری کو قائم رکھتے ہوئے ریاست میں امن و آمان قائم رکھیں''۔کسی بھی مرتبہ کتاب میں مولف کی جانب سے تحریر کردہ مقدمہ کتاب کی جان ہوتا ہے۔جس میں کتاب کو مرتب کرنے کی وجوہات اور اگر شخصیت ہو تو اس کے حالات زندگی دور کے حالات اور اس کے فکر و فن اور کتاب میں شامل مواد کا تحقیقی و تنقیدی جائزہ پیش کرنا لازمی ہوتا ہے۔ڈاکٹر محمد عبدالعزیز سہیل جو اردو تحقیق و تنقید کی دنیا میں اپنی شناخت بنا رہے ہیں انہوں نے مقدمہ نگاری کے اصولوں کی پاسداری کرتے ہوئے زیر تبصرہ مرتبہ کتاب میں ایک طویل مقدمہ لکھا جس میں ڈاکٹر شیلا راج کے مکمل حالات زندگی اور ان کے شامل کتاب مضامین کا تعارف شامل ہے۔کتاب میں شامل مضامین کے انتخاب اور ان مضامین کی نوعیت کے بارے میں ڈاکٹر محمد عبدالعزیز سہیل لکھتے ہیں کہ ''ان مجموعہ ہائے مضامین کے عنوانات پر غور کرنے سے ہمیں اندازہ ہوتا ہے کہ ڈاکٹر شیلا راج نہ صرف اردو زبان و ادب پر قدرت رکھتی ہیں بلکہ تاریخ اور قومی یکجہتی' بھائی چارہ اور رواداری پر ان کی گہری نظر ہے۔اس کے علاوہ حیدرآبادی تہذیب و تمدن اور آصف جاہی عہد کے متعلق بھی ان کی متعدد تحریریں شائع

ہو چکی ہیں۔ انہوں نے آصف جاہی حکمرانوں اوران کی رواداری پر مضامین لکھے ہیں جن کے مطالعے سے ہمیں ان کے اس موضوع سے دلچسپی اور تحقیق کا اندازہ ہوتا ہے۔قومی یکجہتی اور امن و اتحاد آصف جاہی عہد کا خاص وصف تھا جس کی بدولت حیدرآباد دکن پورے ہندوستان میں اپنی منفرد پہچان اور شہرت رکھتا تھا"۔

ڈاکٹر محمد عبدالعزیز سہیل نے دوران ترتیب اس کتاب کو چار حصوں میں تقسیم کیا ہے۔حصہ اول کا عنوان شخصیات رکھا ہے جس کے تحت ڈاکٹر شیلا راج کے شخصیات پر تحریر کردہ مضامین مرزا غالب' جگر مرادآبادی' نواب سروقار الامرا بہادر ایک خوش سلیقہ شخصیت' نواب عماد الملک' راجہ شیوراج دھرم ونت بہادر حیدرآباد کی ایک مایہ ناز شخصیت اور ڈاکٹر کورین کی ناقابل فراموش خدمات شامل ہیں۔حصہ دوم میں تہذیب وثقافت کے تحت انہوں نے ڈاکٹر شیلا راج کے جو مضامین منتخب کیے ان میں حیدرآباد کی تہذیب' سابق حیدرآباد ہندو مسلم روایات کا امین حصہ اول تا حصہ سوم' مذہبی رواداری اور دورآصف جاہ سادس' حیدرآباد کا پائیگاہ خاندان حصہ اول' تاریخ خاندان پائیگاہ آسمان جاہی حصہ دوم' دہلی میں ملکہ معظّمہ کا دربار' زیور ازل تا ابد سنگھار' حیدرآباد میں گزشتہ تین سال میں بارش کی دعائیں جیسے مضامین شامل ہیں۔حصہ سوم کا عنوان تاریخی عمارات ہے جس کے تحت تین مضامین شامل کیے گئے ہیں ان میں پرانی حویلی تین فرماں رواؤں کا مسکن' کنگ کوٹھی ایک تاریخ ایک تہذیب ایک دور' قصر فلک نما امرائے پائیگاہ کی خوش سلیقگی اور حسن وذوق کا شاہکار ہے چوتھے اور آخری حصے میں متفرق کے تحت بہادر یار جنگ نمبر ہفت روزہ تاریخ پر مبنی اور دودھ میں سیاست شامل ہیں۔ڈاکٹر محمد عبدالعزیز سہیل نے کتاب کو مختلف گوشوں میں تقسیم کرتے ہوئے ڈاکٹر شیلا راج کے مضامین کی موضوعاتی طور پر تقسیم کیا ہے۔ انہوں نے کتاب کے مقدمے میں ڈاکٹر شیلا راج کے مضامین کا بھرپور تعارف پیش کیا ہے اور ان پر تنقیدی جائزہ بھی لیا۔جگر کے تعلق سے لکھے گئے مضمون میں ڈاکٹر شیلا راج کے فن پر تبصرہ کرتے ہوئے مولف کتاب لکھتے ہیں "ڈاکٹر شیلا راج اردو ادب کی ممتاز ادیبہ تھیں انہوں نے

شعر و ادب کا گہرا مطالعہ کیا تھا وہ شاعری کے مختلف رویوں اور رجحانات سے بھی واقف تھیں۔انہوں نے اپنے اس مضمون میں جگر مراد آبادی کے فن اور شاعری پر روشنی ڈالی اور ساتھ ہی ان کی غزلوں کے محاسن و معائب بھی بیان کیے''۔ڈاکٹر شیلا راج کے دیگر مضامین پر بھی مولف کتاب نے اعتدال پسند تنقید کی ہے۔ان کے اسلوب کے بارے میں مقدمے کے آخر میں ڈاکٹر محمد عبدالعزیز سہیل لکھتے ہیں'' ان مضامین کی زبان سادہ اور رواں ہے اور ان میں واقعات کی چاشنی پائی جاتی ہے۔حیدرآباد کی تہذیب و تاریخ کے حوالے سے یہ مضامین اہمیت کے حامل ہیں۔ دکن کی نامور مورخہ ڈاکٹر شیلا راج کے اردو زبان میں لکھے گئے 21 تاریخی 'تہذیبی' سماجی اور ادبی موضوعات کے مضامین کے انتخاب پر مبنی یہ گلدستہ ڈاکٹر محمد عبدالعزیز سہیل کی تحقیقی لگن کو اجاگر کرتا ہے ایک ایسے دور میں جب کہ وقت کے حکمران اور حکومتیں ماضی کی عظمتوں کو مٹانے کے ناپاک عزائم کے ساتھ برسرکار ہیں۔ حیدرآبادی تہذیب کے اہم وصف گنگا جمنی تہذیب کی عظیم یادوں کو نئی نسل تک پہونچانا وقت کی اہم ضرورت ہے جو کام ڈاکٹر شیلا راج نے اپنے قلم سے یہ مضامین لکھ کر کیا ہے اسی کام کو ڈاکٹر محمد عبدالعزیز سہیل جیسے محقق نے کتاب کی تالیف کے ذریعے آگے بڑھایا ہے۔جس کے لیے مولف کتاب مبارکبادی کے مستحق ہیں اور انہوں نے کتابوں کی تالیف کی جو مثال پیش کی ہے وہ اردو کے دیگر محققین کے لیے ایک اچھی مثال ہے۔200 صفحات پر مشتمل یہ کتاب ایجوکیشنل پبلشنگ ہاؤز نئی دہلی سے خوبصورت ٹائٹل اور مضبوط جلد کے ساتھ شائع ہوئی ہوئی ہے جسے مصنف سے ان کے فون نمبر 9299655396 یا ایجوکیشنل پبلشنگ ہاؤز سے حاصل کیا جا سکتا ہے۔

نام کتاب : سولفظوں کی کہانیاں

مصنف : ریحان کوثر

نئی نسل کے اردو کے ہمہ جہت قلم کار کے طور پر ان دنوں سوشل میڈیا' انٹرنیٹ اور اردو کے ادبی حلقوں میں ریحان کوثر کا نام کافی مقبول ہے اور ان کی حالیہ تصنیف ''100 لفظوں کی 100 کہانیاں'' پر کافی تبصرے سامنے آ رہے ہیں۔ جو لوگ ریحان کوثر کو ادب کے علاوہ دیگر شعبہ جات کے اعتبار سے نہیں جانتے ان کے لیے اتنا کہہ دینا کافی ہے کہ ریحان کوثر کا تعلق کامٹی ضلع ناگپور مہاراشٹرا سے ہے وہ اردو کے صاحب طرز ہمہ جہت ادیب ہیں۔ تکنیکی تعلیم حاصل کرنے کے بعد اب وہ پیشے سے ربانی آئی ٹی آئی و جونیر کالج کامٹی سے وابستہ ہیں۔ اردو فکشن' ڈرامہ' شاعری' نصاب اور دیگر موضوعات پر اب تک ان کی بیس (20) کتابیں شائع ہو چکی ہیں۔ جن میں قابل ذکر کہکشاں' ڈاٹ کام' پھولوں کی زبان' اردو کمپیوٹنگ' عرق ریحان' سات دن کا غلام' کہانیوں کے کنارے وغیرہ شامل ہیں۔ ڈرامہ' بچوں کے لیے کہانیاں لکھنا' مضامین' کتابوں کی ترتیب اور کمپیوٹر آپ کے دلچسپی کے موضوعات ہیں۔ کمپیوٹر پر لکھی گئی آپ کی کتابیں اردو میڈیم طلباء میں کافی مقبول ہیں۔ آپ نے دیگر مصنفین کی تیس سے زائد کتابوں پر تبصرے لکھے ہیں۔ ریڈیو پر کئی پروگراموں میں شرکت کی۔ انٹرنیٹ پر آپ کا بلاگ ''تخم ریحان'' کے نام سے کافی مقبول ہے۔ آپ اردو ماہنامہ ''الفاظ ہند کامٹی'' کے مدیر ہیں۔ آپ کو مختلف تنظیموں نے ادبی ایوارڈز سے نوازا اور قومی کونسل برائے فروغ اردو زبان سے آپ کی تصنیف ''ڈاٹ کام'' کی اشاعت بھی عمل میں آئی ہے۔ چونکہ کہانی' ڈرامے اور فکشن سے ریحان کوثر کو لگاؤ رہا ہے اس لیے وقت کی نزاکت دیکھتے ہوئے انہوں نے اردو افسانچے لکھنے

شروع کیے اور ہئیت کا تجربہ کرتے ہوئے ان افسانچوں کو 100 لفظوں کی قید میں باندھا۔ ان کے تحریر کردہ یہ سولفظی افسانچے اس قدر مقبول ہوئے کہ سو افسانچوں کی تکمیل کے بعد انہوں نے اسے کتابی شکل میں پیش کیا اور ان کے سولفظی افسانچوں کا یہ مجموعہ جو ''الفاظ پبلی کیشنز'' کے زیر اہتمام 2021 میں منظر عام پر آیا اردو کے ادبی حلقوں میں کافی مقبول ہوگیا۔ کتاب کی خاص بات یہ ہے کہ اس کا انتساب اور شکریہ بھی سولفظوں میں ادا کیا گیا ہے۔ ''اپنی بات'' کے عنوان سے کتاب کے آغاز میں ریحان کوثر نے اردو میں انگریزی کے حوالے سے سولفظی کہانی لکھنے کی تعریف اور روایت کا ذکر کیا ہے۔ سولفظی کہانی کی تعریف کرتے ہوئے ریحان کوثر لکھتے ہیں:

''سولفظی کہانی یا ڈریبل ادب کی ایک ایسی صنف ہے جس کی پہلی شرط یہ ہے کہ اس میں پورے پورے سو الفاظ ہوں۔ ضروری نہیں کہ اس میں عنوان کے الفاظ بھی شامل کیے جائیں۔ سولفظی کہانی کا اصل مقصد اختصار ہے اور مصنف کی صلاحیت کا پیمانہ یہ ہے کہ ایک محدود دائرے میں دلچسپ اور بامعنی خیالات کا اظہار کامیابی سے کرے''۔ ریحان کوثر نے لکھا کہ انگریزی میں سولفظی کہانی لکھنے کا سلسلہ 1980ء میں برمنگھم یونیورسٹی کی سائنس فکشن سوسائٹی نے شروع کیا تھا۔ اردو میں سب سے پہلے انور مرزا صاحب نے سولفظی کہانیاں لکھنا شروع کیا اور یہ سلسلہ چل پڑا ہے۔ کلکتہ سے جاوید نہال حشمی صاحب بھی سولفظی کہانیاں لکھتے ہوئے مقبول ہورہے ہیں۔ ریحان کوثر نے اعتراف کیا کہ بال بھارتی ادارے نے اس ضمن میں ان کی حوصلہ افزائی کی اور اسپیشل آفیسر اردو بال بھارتی خان نوید الحق نے ان کی کہانیوں کو متعارف کروایا اور ان کی حوصلہ افزائی کرتے رہے۔

اکیسویں صدی میں وقت کی کمی نے اس طرح کی مختصر کہانیوں کے لیے راہ ہموار کی جب کہ اردو افسانے کا قاری پانچ دس منٹ تک بھی کوئی تحریر پڑھنے کے لیے راضی نہ ہوتو اسے ایک دو منٹ تک مطالعے کے لیے راغب کرنے کے لیے یہ سولفظی کہانیاں لکھنے کا رواج شروع ہوا۔ افسانے میں مکالمے منظر نگاری جذبات نگاری کے کہانی کے ساتھ زندگی کے کسی ایک پہلو پر

توجہ کی جاتی ہے جب کہ سولفظی کہانی یا افسانچوں میں اختصار کے ساتھ زندگی کے کسی ایک ایسے واقعے کی طرف اشارہ کیا جاتا ہے جو سیدھا قاری کے دل پر اثر کرے اور پڑھنے والے کو ساری کہانی سمجھ میں آجائے۔ افسانچہ ہو یا سولفظی کہانی اس کا انجام چونکا دینے والا ہونا چاہئے اور موضوعات بالکل نئے اور اچھوتے ہونا چاہئے۔ افسانچہ نگار اپنے گہرے مطالعے کو فنکاری سے پیش کرتا ہے اور چونکا دینے والے انجام سے اپنے افسانچے کو مقبول بناتا ہے۔ انسانی زندگی کی تیز رفتاری کے ساتھ ہمارے سامنے نئے نئے موضوعات سامنے آرہے ہیں ریحان کوثر نے ان افسانچوں میں اپنے گہرے سماجی مطالعے' انسانی رویوں کی نفسیات اور زندگی کے بدلتے رنگوں کو فنکاری سے پیش کیا ہے۔ ان کی سبھی کہانیاں تازہ اور اچھوتے موضوعات پر ہیں۔ اور کہانی کے انجام سے وہ ایک پنچ کے طور پر قاری کے دل و دماغ کو جھنجھوڑتے ہیں۔ ان کے افسانچوں کے عنوانات جیسے وراثت' تیراک' لیڈیز ڈاکٹر' آخری وضو' لکشمن کی چوکھٹ' دھوبی کا کتا' ٹیگ لائن' واٹس اپ پوسٹ' مسجد کا چندہ' بابا سیٹھ کا چبوترا' پازیٹیو سے نگیٹو وغیرہ کو پڑھنے سے اندازہ ہوتا ہے کہ ریحان کوثر نے سماج کا گہرائی سے مطالعہ کیا اور روزانہ انسانی زندگی میں پیش آنے والے عجیب وغریب واقعات کو اپنے فن کے ذریعے پیش کیا۔ گزشتہ دو سال سے ساری دنیا کرونا وبا کی لپیٹ میں رہی ہے اور کرونا نے انسانی زندگی اور اس کے رویوں میں بڑی تبدیلی لائی تھی۔ لوگ بیماری کے خوف سے اس قدر ڈرے ہوئے تھے کہ اپنے ہی اپنوں سے ملنے سے کترا رہے تھے۔ اردو میں کرونا کے موضوع پر اب تک کچھ معیاری افسانے نہیں لکھے گئے لیکن ریحان کوثر نے اپنے افسانچوں کے اس مجموعے میں کرونا سے متعلق کئی کہانیاں لکھی ہیں اور ان کے انجام کو پڑھنے سے اندازہ ہوتا ہے کہ افسانہ نگار نے کیسے سماج کی دکھتی رگ پر ہاتھ رکھا ہے۔ افسانچہ پازیٹیو سے نگیٹو میں ریحان کوثر نے لکھا کہ کرونا سے متاثرہ دو مریضوں مشتاق اور منیش دواخانے میں شریک تھے۔ منش حوصلہ ہار جاتا ہے اور مر جاتا ہے جب کہ اس کی رپورٹ بعد میں نگیٹو آئی تھی۔ مشتاق حوصلہ دکھاتا ہے اور صحتیاب ہو کر گھر واپس آجاتا ہے۔ افسانہ ''تھالی'' میں کرونا

کے اثرات کو اجاگر کرتے ہوئے ریحان کوثر نے لکھا کہ سریتا اور رادھا ایک عمارت میں رہتی ہیں وزیر اعظم کے کہنے پر کرونا کو دور بھگانے کے لیے سب لوگ تھالی بجاتے ہیں۔ سریتا کا شوہر ڈاکٹر ہے کرونا کے مریضوں کے علاج کے بعد وہ روز گھر واپس آتا ہے رادھا کو ڈر ہے کہ ڈاکٹر صاحب کہیں کرونا وائرس سے دوسروں کو متاثر نہ کر دیں اس لیے وہ سریتا کو فلیٹ خالی کر دینے کے لیے کہتی ہے۔ جب کہ سب نے مل کر تھالی بجائی تھی۔ افسانہ ''فائل دستخط'' میں ریحان کوثر نے ایک پی ایچ ڈی کا مقالہ لکھنے والے روہت کا حال بیان کیا ہے جو اپنے مقالے میں لکھتا ہے کہ مسلمان بہت کم اولڈ ایج ہوم میں رہتے ہیں۔ روہت کا گائیڈ اسے غصہ کرتے ہوئے کہتا ہے کہ چیپٹر سیون میں تم نے یہ سب کیا لکھ دیا روہت کہتا ہے کہ اس نے حقیقت لکھ دی، نگران کہتا ہے روہت تم پی ایچ ڈی کرنے آئے ہو حقیقت بیان کرنے نہیں۔ چیپٹر سیون پھاڑ دیا گیا اور روہت کے پی ایچ ڈی فائل پر دستخط ہوگئے۔ کہانی بابا سیٹھ کا چبوترہ میں انسانی نفسیات بیان کی گئی ہے کہ نعیم چبوترے پر سب سے آخر میں اٹھتا تھا جب اس سے پوچھا گیا کہ دوسرے لوگ تو چلے جاتے ہیں تم سب سے آخر میں کیوں جاتے ہو تو نعیم کہتا ہے کہ میں دیکھتا ہوں کہ جب کوئی جاتا ہے تو لوگ اس کی برائیاں کرنے لگتے ہیں میں آخر میں اس لیے جاتا ہوں کہ میرے بعد میری برائی کرنے والا کوئی چبوترے پر نہ رہے۔ افسانہ ''ترکیب'' میں لکھا ہے کہ سلمیٰ لاک ڈاؤن میں اخراجات سے بچنے کے لیے اپنی بہو اور بچوں کے اس کی ماں کے گھر بھیج دیتی ہے تاکہ کم راشن خرچ ہو بہو جاتے ہیں سلمیٰ کی بیٹی صادقہ گھر میں داخل ہوتی ہے کہ اس کے ساس سسر نے بھی اسے بیس بائیس دن اپنی ماں کے گھر رہنے کے لیے بھیج دیا ہے۔ افسانہ ''جنت'' میں لکھا گیا کہ چھوٹی بچی اریبہ آئیس کریم کے بارے میں پوچھنے پر بتاتی ہے کہ وہ جنت سے آئیس کریم لائی ہے اور وہ فریج کی جانب اشارہ کرتی ہے دادا نے اس سے کہا تھا کہ عید کے بعد ان کا بکرا جنت میں چلا جائے گا اریبہ کہتی ہے کہ ممی نے بکرے کا سارا گوشت فریج میں رکھ دیا ہے شائد یہی جنت ہے جہاں سے مجھے آئیس کریم ملی ہے۔

اس طرح ریحان کوثر نے زندگی کے ہمہ جہت پہلوؤں سیاست، الیکشن، کرونا، فرقہ واریت، گھریلو زندگی کے مسائل اور سماج میں آئے دن پیش آنے والے واقعات سے کہانی اخذ کی ہے اور مختصر جملوں میں انہیں سو لفظوں میں اس طرح پیش کیا ہے کہ ان کی کہانیاں قارئین کے دل پر اثر کرتی ہیں۔ان افسانوں میں چھوٹے چھوٹے مکالمے اور منظر نگاری بھی ہے۔ کردار نگاری بھی اور نفسیات نگاری اور جذبات نگاری بھی ان سب پہلوؤں کو ریحان کوثر نے بڑی فنکاری سے سو لفظوں میں سمیٹنے میں کامیابی حاصل کی ہے۔ ریحان کوثر کی افسانچہ نگاری کی خاص بات یہ ہے کہ جب قاری کوئی کہانی پڑھتا ہے تو اسے لگتا ہے کہ اس بات کا مشاہدہ اس نے بھی کیا لیکن عام انسان اور قاری میں یہی فرق ہوتا ہے کہ افسانہ نگار اسے کہانی کا روپ دیتا ہے۔ سو لفظوں کی سو کہانیاں افسانوی مجموعہ شروع سے آخر تک دلچسپ کہانیوں سے بھرا پڑا ہے۔ مصنف سے فون نمبر 7721877 941 پر رابطہ کرتے ہوئے یہ افسانوی مجموعہ حاصل کیا جا سکتا ہے۔ کتاب کی قیمت سو روپے رکھی گئی ہے اردو میں اچھی کتابوں کے باذوق قارئین کے لیے یہ کتاب تحفہ سے کم نہیں۔ اور خود صاحب کتاب ریحان کوثر صاحب نے بھی اردو کے ادیبوں اور دانشوروں کو یہ کتاب بہ طور تحفہ عنایت کی ہے۔ امید کی جاتی ہے کہ ریحان کوثر صاحب اپنے قلم کا جادو یوں ہی جگاتے رہیں گے اور ان کے قلم سے مزید اچھے اچھے افسانچے ہم سب کو پڑھنے کے لیے ملتے رہیں گے۔

نام کتاب : مجھے کچھ کہنا ہے

مصنف : شیخ احمد ضیاء

شمالی تلنگانہ کے ضلع نظام آباد کا ایک اہم ٹاؤن بودھن ہے جس سے متصل علاقہ شکرنگر ایشاء کی اپنے وقت کی مشہور زمانہ نظام شوگر فیکٹری کے لیے مشہور رہا ہے۔ سرزمین بودھن زمانہ قدیم سے اردو زبان وادب کی آبیاری کے لیے جانی جاتی ہے۔ بودھن سے کئی نامور شعراء اور ادیبوں نے اپنی تخلیقات کے ذریعے قومی و بین الاقوامی سطح پر اپنی شناخت بنائی ہے ان میں ایک نامور ادیب‘ شاعر‘مزاح نگار اور انشاء پرداز جناب شیخ احمد ضیاء صاحب ہیں جو طنزیہ اور مزاحیہ مضامین کے مجموعے ’’مجھے کچھ کہنا ہے‘‘ کے ساتھ ایک مرتبہ پھر اردو ادب کی دنیا میں ہلچل مچانے آئے ہیں۔ اس سے قبل شیخ احمد ضیاء کی تصانیف ’’زیر زبر پیش‘‘ 2005‘ ’’افکار تازہ‘‘ 2009‘ اور ’’وہ خواب ڈھونڈتا ہوں میں‘‘ 2016 مقبول ہو چکی ہیں۔ شیخ احمد ضیاء اچھے سنجیدہ اور مزاحیہ شاعر بھی ہیں اور تلنگانہ میں سبھی مشاعروں میں عوام وخواص میں مقبول ہیں۔ شیخ احمد ضیاء زندہ دل شخص ہیں۔ لوگوں سے ہنس بول کر ملتے ہیں۔ انہوں نے زندگی کو قریب سے دیکھا اور اپنے تجربات کو جہاں شاعری میں پیش کیا وہیں مختلف عنوانات پر طنزیہ ومزاحیہ مضامین کے ذریعے اردو کے قارئین تک پہونچایا ہے۔ اکیسویں صدی گلوبل ویلیج کے دعوے کے باوجود فرد کی تنہائی کی صدی ہے۔ آج انٹرنیٹ کی بدولت دنیا ہمارے فون کے اسکرین پر سمٹ گئی ہے لیکن سوشل میڈیا کے شور کے درمیان انسان ایک چبھتی ہوئی خاموشی وتنہائی کا شکار ہے۔ شخصیت سازی کے ایک ماہر کا یہ کہنا ہے کہ We are the most connected people with most disconnected society. یعنی ہم میڈیا کے ذریعے تو دنیا بھر سے جڑے

ہیں لیکن سماجی طور پر ایک دوسرے سے ہمارا رابطہ منقطع ہے۔آج ایک گھر کی چہار دیواری میں باپ بچوں سے، ماں شوہر اور بیٹے بیٹیوں سے بات کرنے کے لیے ترستی ہے۔ بوڑھے لوگوں کا الگ المیہ ہے بڑھاپا ان کے لیے ایک عذاب جان بن گیا ہے اور وہ اپنی اولاد کے سہارے کے لیے بے چین ہے۔ زندگی اپنی تمام تر رونقوں اور رعنائیوں کے باوجود بے مزہ ہے اس افراتفری اور مادہ پرستی کے ماحول میں ایک طنزیہ ومزاحیہ ادیب بہت بڑا سماجی فریضہ انجام دے رہا ہے کہ وہ اپنے اطراف کے ماحول کے کرب کو دیکھتا ہے اور اس سے طنز ومزاح کے پہلو نکالتا ہے۔ یہ کام شیخ احمد ضیاء اپنے طنزیہ ومزاحیہ مضامین سے بہت خوب کر رہے ہیں۔ شیخ احمد ضیاء صاحب کی تحریروں کی اسی خوبی کو مدنظر رکھ کر نظام آباد کے مشہور سرکاری ڈگری کالج گری راج کالج کے شعبہ اردو کے اردو نصاب میں ان کا ایک طنزیہ واصلاحی افسانہ ''اولڈ ایج ہوم'' شامل کیا گیا ہے۔ اپنے سابقہ مضامین کے مجموعوں کی طرح شیخ احمد ضیاء کی اس تصنیف ''مجھے کچھ کہنا ہے'' میں شامل سبھی مضامین عہد حاضر کی ہماری سماجی زندگی کی ناہمواریوں کو ظاہر کرتے ہیں جس میں شیخ احمد ضیاء نے کہیں طنز کے کچوکے لگائے ہیں تو کہیں مزاح کی پھلجھڑی چھوڑی ہے۔ طنز دل کو چبھتا ہے اور ایک نشتر کی طرح اصلاح کا کام کرتا ہے جب کہ مزاح زندگی کی ناہمواری کو خوشگوار انداز میں پیش کرنے اور اس سے اصلاح کا پہلو اخذ کرنے کا موقع فراہم کرتا ہے۔

زیر نظر تصنیف کا پہلا شگفتہ مضمون ''گھر دامادی'' ہے۔ اس مضمون میں ایک ایسے نوجوان کا فسانہ یا یوں کہیے برا انجام بیان کیا گیا ہے جو گھر داماد بننے کا خواہش مند تھا۔ اس کی خواہش تو پوری ہوتی ہے لیکن شادی کے دوسرے دن سے ہی اس کی تیز وطرار بیوی اور خسر اس سے جس طرح گھر کے کام کاج لیتے ہیں کہ وہ گھبرا کر گھر دامادی کو ترک کر فرار ہو جاتا ہے اور نوجوانوں کو مشورہ دیتا ہے کہ ''میاں ہو سکے تو دھوبی کے گدھے بن جاؤ مگر کبھی گھر داماد نہ بننا''۔ اس مضمون میں شیخ احمد ضیاء نے دلچسپ اسلوب نگارش کے ساتھ گھر دامادی کی خواہش اور اس کے انجام کو اجاگر کیا ہے۔ کتاب میں شامل اگلے مضمون کا عنوان ''گھر کی مرغی دال برابر''

میں موجودہ دور کے مشاعروں کے کلچر پر طنز کیا گیا ہے جہاں ناشاعر قسم کے گویوں اور شاعرات کو جو باہر سے آتے ہیں انہیں اسٹیج پر اہمیت دی جاتی ہے اور مقامی شاعر جو معیاری ہوتا ہے اسے گھر کی مرغی دال برابر سمجھ کر اسے نظر انداز کیا جاتا ہے۔ جس سے مقامی شاعر اپنی تضحیک محسوس کرتے ہیں۔ اس مضمون کے ذریعے شیخ احمد ضیاء نے اردو مشاعروں کے منتظمین کو خبر دار کیا ہے کہ وہ مشاعروں کے نام پر مجرے بازی ختم کریں اور کسی بھی مشاعرے میں بیرونی شعرا کے ساتھ ساتھ مقامی شعراء کو بھی عزت سے مشاعروں میں شرکت کا موقع فراہم کریں۔ مضمون ''گھر گھر ثانیہ'' میں شیخ احمد ضیاء نے مچھر بیاٹ کا تذکرہ کیا ہے کہ اس بیاٹ کو مچھروں کو بھگانے کے لیے استعمال کرتے ہوئے کہیں گھریلو خواتین ثانیہ مرزانہ بن جائیں۔ مضمون ''وہ پھر ہمیں یاد کرنے لگے ہیں'' میں شیخ احمد ضیاء نے موجودہ دور کے جلسوں میں صدارت کے خواہش مندوں کی گرتی علمی لیاقت پر طنز کیا کہ کیسے مولانا آزاد کی یاد میں رکھے گئے جلسے میں کسی نے مولانا آزاد کو ہندوستان کے میزائل میاں عبدالکلام سے ملا دیا اور کیسے صدر نے کہا کہ مولانا آزاد مسجد کے امام تھے۔ اس مضمون میں ہمارے انگوٹھا چھاپ سیاست دانوں پر طنز کیا گیا کہ وہ کسی موضوعاتی جلسے میں کرسی صدارت پر تو براجمان ہوتے ہیں لیکن انہیں تقریر کرتے وقت پتہ نہیں چلتا کہ وہ کیا کہہ رہے ہیں۔ شیخ احمد ضیاء کا ایک دلچسپ مضمون ''جامع سروے اور شاعر'' ہے۔ اس مضمون میں ریاست تلنگانہ میں ہوئے ایک جامع گھر گھر سروے کے دوران ایک شاعر سے پوچھے گئے سوالات اور اس کے دلچسپ شاعرانہ جوابات کو اشعار کی لڑی کے ذریعے پیش کیا گیا۔ مضمون کا ایک حصہ ملاحظہ ہو

''جب شمار کنندہ نے ان کی ازدواجی زندگی خصوصاً ان کی اہلیہ کے بارے میں سوال کیا تب انہوں نے کہا۔

جسے سب لوگ ہٹلر بولتے ہیں　　　اسے ہم نصف بہتر بولتے ہیں
اجی ہم کیا ہماری حیثیت کیا　　　یہاں گونگے بھی فر فر بولتے ہیں

بچوں کی تعداد کے بارے میں جب سوال کیا گیا تب جواب ملا۔

سب سے چھوٹا چھ مہینے کا　　　اس کے اوپر ہیں گیارہ (مجھے کچھ کہنا ہے)

اس طرح اس مضمون میں شیخ احمد ضیاء نے مختلف مقبول اشعار کو برمحل استعمال کرتے ہوئے مزاح پیدا کیا ہے۔ مضمون ''غالب وظیفہ خوار ہوا'' میں موجودہ دور میں وظیفہ پر سبکدوش ہونے والے سرکاری ملازمین کی بعد وظیفہ مسجد کی صدارت یا کسی تنظیم کی رکنیت اور سماجی خدمات میں وقت گزارنے کا ذکر کیا گیا ہے۔ مضامین مشاعرہ، کنویز مشاعرہ اور صدر مشاعرہ میں اردو مشاعروں کے انتظام وانصرام میں کام کرنے والوں کا احوال بیان کیا گیا ہے۔ شیخ احمد ضیاء چونکہ پابندی سے مقامی اور ریاستی و قومی مشاعروں میں شرکت کرتے رہتے ہیں اس لیے انہیں مشاعروں میں مختلف قسم کے لوگوں سے ملاقات کا تجربہ ہے اسی بنیاد پر انہوں نے مشاعروں کے کرداروں کے طور پر صدر مشاعرہ، ناظم مشاعرہ اور سامعین کے رویوں کو مزاحیہ اور طنزیہ انداز میں بیان کیا ہے۔ داد کے بھوکے شاعروں کے بارے میں شیخ احمد ضیاء نے درست لکھا کہ ''اگر شاعر تین دن کا بھوکا بھی ہو اور سامعین اسے اپنی واہ واہ سے نواز رہے ہوں تب یہ شاعر مزید تین دن بھوکا رہنا بھی گوارا کرلے اور غزلوں پر غزلیں سناتا چلا جائے گا''۔ کنویز مشاعرہ کے عنوان سے شیخ احمد ضیاء نے مشاعروں کے انتظام میں اس طرح کی شخصیات کے کردار کو اجاگر کیا ہے کہ کیسے یہ لوگ شاعروں سے اچھا یا برا رویہ اختیار کرتے ہیں۔ مضمون ''انٹرویو برائے الیکشن'' میں ایک ملازمت کے متلاشی ایک نوجوان کے ایک سیاسی پارٹی میں دئے گئے انٹرویو کا طنز شامل ہے کہ کس طرح پارٹی والے نوجوان سے لڑائی جھگڑے، قتل و غارت گری اور دھوکے بازی میں مہارت کے بارے میں پوچھتے ہیں جب نوجوان نفی میں جواب دیتا ہے تو اسے دھتکار دیا جاتا ہے کہ جب اس کے اندر یہ صفات ہی نہیں تو وہ کیسے ایک اچھا سیاست دان بن سکتا ہے۔ اس طرح شیخ احمد ضیاء نے ہمارے سیاسی نظام کا پردہ فاش کیا کہ موجودہ سیاسی جماعتوں میں کوئی بھی لیڈر اس وقت تک لیڈر نہیں بن سکتا جب تک اس کے اندر تخریب کاری کی صفات نہ

ہوں۔ مضمون ''کیا خوب اثاثہ ہے'' میں عام آدمی کے روٹی کپڑے اور مکان کے چکر اور سیاست دانوں کے ہاں بڑھتی دولت کی وجوہات کو اجاگر کیا گیا ہے۔

طنزیہ ومزاحیہ مضامین کے مجموعے ''مجھے کچھ کہنا ہے'' میں شامل دیگر مضامین کے عنوانات ''شوہر بیوی اور عید' عادت سے مجبور' لائسنس یافتہ' مری تلاش میں ہے' جلسہ استقبال رمضان' زباں شیریں ملک گیری' رمضان کی رونقیں' بات نکلی جو کبابوں کی تو سب ایک ہوئے' زیر یہ اچھا نہیں ہے زبر یہ اچھا نہیں' سحری ان کی افطار بھی ان کا' ہیں اور بھی دنیا میں سخنور بہت اچھے' عیدگاہ لائیو' ناز اٹھانے کو ہم رہ گئے شاعروں کے' ہر گھڑی ہوتا ہے احساس' اس سے معقول انتقام نہیں' لڑکی کے باپ کا خط لڑکے کے والد کے نام' لڑکے کے والد کا جواب لڑکی کے باپ کے نام' میٹھی آزادی کڑوے پھل' باؤنڈری وال کی قیادت' پہچان کون' بکروں کی عالمی کانفرنس' منتری سے انٹرویو' بھوک شاعر اور بیگم' ہو رہا ہے اب اثر غالب تری تحریر کا' عرض ہنر ہی وجہ شکایات ہوگئی' کتوں کی عالمی کانفرنس' انتخابات کا اس دیش میں جال اچھا ہے' بی سی کمیشن کے لیے ایک مثالی یادداشت' جمہوریت وہ طرز حکومت ہے کہ جس میں' اکیچ میٹھا اکیچ کھانا' ایک روپیہ کلو چاول کا المیہ' گل خان' استاد کا استاد چیلا' نادانوں کا اجتماع' ہم دعا لکھتے رہے وہ دغا پڑھتے رہے' بودھن جہاں تاریخ ادب معاش سب کچھ وغیرہ شامل ہیں۔

شیخ احمد ضیاء کے یہ مضامین دلچسپ انداز تحریر' برمحل اشعار کے استعمال اور ہمارے اپنے سماجی موضوعات کے سبب دلچسپی سے پڑھے جائیں گے۔ ان مضامین میں انہوں نے خطوط کی تکنیک' غالب سے عالم بالا میں گفتگو اور پیروڈی کے انداز میں اشعار کے استعمال سے دلچسپی پیدا کی ہے۔ شیخ احمد ضیاء کے مضامین روزنامہ منصف میں بھی سلسلہ وار کالموں کی شکل میں پیش ہوتے رہے ہیں۔ موضوعات کی رنگارنگی سے اندازہ ہوتا ہے کہ شیخ احمد ضیاء اپنے اطراف سے باخبر رہتے ہیں اور اردو ادب سے ذوق کے پیش نظر اپنے موضوعات کو ادبی چاشنی کے ساتھ پیش کرتے رہتے ہیں۔ جس طرح وہ اپنے اطراف کے موضوعات کو اہمیت دیتے ہیں اگر وہ اپنا

مطالعہ اور مشاہدہ وسیع کرتے ہوئے مزید قومی اور بین الاقوامی موضوعات پر مضامین لکھیں تو ان کی مزاح نگاری میں مزید نکھار پیدا ہوسکتا ہے۔ان مضامین کی نثر سادہ لیکن دلچسپ ہے۔ انداز بیان میں قاری کو گرفت میں رکھنے کا ہنر ملتا ہے واقعاتی انداز بھی ہے۔شیخ احمد ضیاء کبھی اپنی جانب سے تخلیق کردہ کردار مرزا سے گفتگو کرتے دکھائی دیتے ہیں۔تو کبھی سماج کے اہم کردار بیوی، شوہر اور سیاست دان کو تختہ مشق بناتے ہیں۔ مجموعی طور پر ان کی یہ تصنیف دلچسپی کی حامل ہے۔ اور مصنف کی اپنے فن پر عبور کی دلالت کرتی ہے۔امید ہے کہ اردو ادب کے باذوق قارئین شیخ احمد ضیاء کی تازہ تصنیف ''مجھے کچھ کہنا ہے'' کا گرمجوشی سے استقبال کریں گے۔ مصنف نے اس کتاب کو اپنے مرحوم والدین شیخ امین پٹیل اور والدہ محترمہ نور بی بی کے نام معنون کیا ہے۔ اور اس بات کا اعتراف کیا ہے کہ ان کی یادوں کے اجالے زندگی کے ہر موڑ پر ان کی رہنمائی کرتے رہے۔ چونکہ موجودہ زمانہ انٹرنیٹ اور سوشل میڈیا کا ہے مناسب ہوگا کہ اس طرح کے مضامین بلاگ کی شکل میں اور فیس بک اور واٹس اپ کے ادبی گروپوں میں پیش ہوں تو اردو کی نئی نسل آن لائن مطالعے کے ذریعے ان مضامین سے مستفید ہوگی اور لوگوں میں مطالعے کا ذوق بڑھے گا اور فروغ اردو کی جانب ایک قدم ثابت ہوگا۔ اس کتاب کی اشاعت پر میں جناب شیخ احمد ضیا صاحب کو مبارکباد پیش کرتا ہوں اور امید کرتا ہوں کہ اردو کے ادبی حلقوں میں اس کتاب کی پذیرائی ہوگی اور شیخ احمد ضیاء اسی طرح اپنے نام کی مناسبت سے مزید مضامین لکھ کر اردو ادب میں روشنی بکھیرتے رہیں گے۔

نام کتاب : فکر نو (تعارفی تبصرے وتنقیدی جائزے)

مصنف : ڈاکٹر محمد عبدالعزیز سہیل

اردو زبان وادب کے لئے یہ ایک خوش آئند بات ہے کہ ادھر کچھ عرصے سے اردو کے نئے ادیب اور قلم کار اپنی تحریروں سے ادب کی دنیا میں شناخت بنا رہے ہیں۔ اردو کے زوال کا نوحہ پڑھنے والے تو بہت ہیں لیکن اردو زبان سے اپنی اٹوٹ وابستگی اور اس زبان میں لکھنے پڑھنے والوں میں نئی نسل کی شمولیت اردو کے روشن مستقبل کی نوید سناتی ہے۔ جنوبی ہند میں حیدرآباد کو یہ اعزاز حاصل ہے کہ یہ شہر اردو اب ساری دنیا میں اردو زبان کی بقاء اور ترویج کا اہم مرکز مانا جارہا ہے۔ حیدرآباد کی ادبی سرگرمیوں میں بڑھ چڑھ کر حصہ لینے اور اپنے عہد کے شعر و ادب سے اپنی گہری وابستگی رکھنے اور اس کی سرگرمیوں کو اپنی تحریروں رپورتاژ' ادبی تبصروں اور تحقیقی وتنقیدی مضامین سے اجاگر کرنے والوں میں اب ایک جانا پہچانا نام ڈاکٹر محمد عزیز سہیل کا ہے۔ جامعہ عثمانیہ سے اردو میں ڈاکٹریٹ کی ڈگری حاصل کرنے کے بعد انہوں نے حیدرآباد اور ریاست تلنگانہ و آندھرا کے ادبی منظر نامے میں اپنی شرکت کو یقینی بنایا۔ جامعات میں ہونے والے اردو سمیناروں میں شرکت اور ان کے رپورتاژ کو کامیابی سے پیش کرنے کے علاوہ انہوں نے اردو شعراء اور ادیبوں کی کتابوں پر سلسلہ وار ادبی تبصرے لکھنا شروع کئے۔ ان کے تبصرے روزنامہ اعتماد روزنامہ منصف کے علاوہ ہندوستان کے اہم ادبی رسائل اور اردو کی اہم ویب سائٹوں پر شائع ہوتے رہے۔ ڈاکٹر محمد عزیز سہیل کی اب تک سات (07) تصانیف شائع ہوچکی ہیں۔ ان کی پہلی تصنیف 2014ء میں شائع ہوئی تھی اور اب وہ "فکر نو" کے عنوان سے

اپنی آٹھویں تصنیف کے ساتھ حاضر ہورہے ہیں تین سال میں آٹھ تصانیف کی رفتار دیکھ کر کہا جاسکتا ہے کہ وہ اردو کے نوعمر زود نویس ادیب ہیں۔ امید ہے کہ ان کے قلم کی سمت و رفتاریوں ہی جاری وساری رہے۔ ان کے ادبی کتابوں پر تبصروں کی پہلی کتاب ''میزان نو'' کے عنوان سے 2015ء میں شائع ہوکر مقبول ہوچکی ہے۔ زیر نظر کتاب میں بھی نثری وشعری تصانیف اور ادبی رسائل پر کل (29) تبصرے شامل ہیں۔ جن شخصیات کی کتابوں پر ڈاکٹر محمد عزیز سہیل نے تبصرے کیے ہیں ان میں سید رفیع الدین قادری زور۔ ڈاکٹر رؤف خیر۔ ڈاکٹر محمد ناظم علی۔ ڈاکٹر محمد ابرار الباقی۔ ڈاکٹر عابد معز۔ ڈاکٹر فاضل حسین پرویز۔ ڈاکٹر عزیز احمد عرسی۔ ڈاکٹر ضامن علی حسرت۔ ڈاکٹر سید اسرار الحق سبیلی۔ ڈاکٹر دانش غنی۔ شمیم سلطانہ۔ ڈاکٹر مختار احمد فردین۔ رحیم انور۔ ڈاکٹر محمد اسلم فاروقی۔ ڈاکٹر آمنہ آفرین۔ عاصمہ خلیل۔ سلیم اقبال۔ محمد مظہر الدین۔ جمیل نظام آبادی۔ حلیم بابر۔ راشد احمد۔ سوز نجیب آبادی۔ محبت علی منان۔ چچا پالموری۔ ڈاکٹر خواجہ فرید الدین صادق اور اقبال شانہ کے نام شامل ہیں۔ ڈاکٹر محمد عزیز سہیل کی جانب سے تبصرہ کی گئی کتابوں کی فہرست پر نظر ڈالیں تو پتہ چلتا ہے کہ انہوں نے تبصرہ نگاری کے لئے ہمہ جہت ادبی و شعری اصناف کا انتخاب کیا ہے۔ ان کتابوں میں تحقیق وتنقید' فکشن' بچوں کا ادب' صحافت' سائنس وٹیکنالوجی' صحت' خاکہ نگاری وانشائیہ نگاری' رسائل' شاعری میں سنجیدہ ومزاحیہ شاعری وغیرہ شامل ہیں۔ ڈاکٹر محمد عزیز سہیل نے جن شعرا اور ادیبوں کی کتابوں پر تبصرے کئے ہیں وہ حیدرآباد اور علاقہ دکن کے نامور شعرا اور ادیب ہیں۔ نئے اور پرانے محقق اور نقاد ہیں۔

''فکر نو'' کتاب میں پیش گفتار کے نام سے ڈاکٹر وصی اللہ بختیاری صاحب نے ڈاکٹر عزیز سہیل کی تبصرہ نگاری کے بارے میں لکھا کہ ''کسی مبصر کے لیے واقعی یہ اعزاز کی بات ہے کہ اس کے تبصرے استنادی حیثیت کے حامل ہوں اور قبول عام اور پسندیدگی حاصل کریں''۔ فیس بک پر ''درون خانہ کا سلسلہ'' کے تحت اپنے تجربات کو دلچسپ انداز سے پیش کرتے ہوئے شہرت پانے والے نامور شاعر رؤف خلش کے فرزند معظم راز ''تقریظ برائے فکر نو'' میں لکھتے ہیں کہ برادرم

عزیز سہیل پیشہ تدریس سے وابستگی کے باوجود عصری تیکنالوجی کے طفیل تیزی سے فروغ پانے والے سوشل میڈیا میں بھی زبان وادب کی ترقی وترویج کے لیے ہمہ تن مصروف وفعال رہے ہیں۔اس کتاب میں شامل بیشتر تبصرے سوشل میڈیا اور کئی ویب سائٹس پر شائع ہونے کے سبب دنیا بھر کے اردو قارئین تک رسائی حاصل کر چکے ہیں۔

کتاب کے آغاز میں ڈاکٹر محمد عزیز سہیل نے تبصرہ نگاری کے فن پر اپنا تحقیقی مضمون پیش کیا ہے جو ان کی کتاب کا مقدمہ بھی کہا جا سکتا ہے۔تبصرہ نگاری تنقید کی ہی ایک قسم ہے جس میں کسی کتاب کے تعارف اور اس کے محاسن ومعائب کو تبصرہ نگار اس طرح اجاگر کرتا ہے کہ ایک مضمون میں ساری کتاب کا جامع تعارف پیش ہو جاتا ہے۔اکثر تبصرہ نگاروں نے تعارفی تبصرے لکھے جس سے قاری کو کتاب پر رائے قائم کرنے میں مدد ملتی ہے۔مرزا غالب نے اپنے دور میں کچھ شعرا اور ادیبوں کی کتابوں پر تقاریظ لکھی تھیں۔اگر تبصرہ کتاب میں شامل ہو جائے تو وہ پیش لفظ کے طور پر کتاب کا تعارف پیش کر دیتا ہے اور اگر کتاب کی اشاعت کے بعد الگ سے شائع ہو تو قاری کو کتاب تک پہونچنے اور اس کے مطالعے کے لئے راغب کرتا ہے۔اردو کی کچھ اہم کتابیں تبصروں کی وجہ سے ہی مقبول ہوئی ہیں کیوں کہ قاری کتاب کی نوعیت تو نہیں جانتا لیکن تبصرہ پڑھنے کے بعد وہ کتاب کے مشمولات سے واقف ہو کر انہیں پڑھنے پڑھنے کے لئے راضی ہو جاتا ہے۔ڈاکٹر محمد عزیز سہیل کی اس کتاب ''فکر نو'' میں شامل ہمہ رنگی کتابوں کے تبصروں پر ایک نظر ڈالی جائے تو پتہ چلتا ہے کہ جس طرح ایک تبصرہ ایک کتاب کا تعارف کراتا ہے اسی طرح تبصروں پر مشتمل یہ کتاب اردو کی تقریباً تیس کتابوں کا بہ یک وقت تعارف پیش کر دیتی ہے۔

ڈاکٹر محمد عبدالعزیز سہیل کے تبصرے تعارفی نوعیت کے ہوتے ہیں۔ایک ایسے دور میں جب کہ اردو کے ادیب قاری کی عدم توجہی کا شکوہ کرتے ہیں تبصرہ نگار کے فریضہ کے طور پر فاضل تبصرہ نگار نے سبھی کتابوں کا گہرائی سے مطالعہ کیا۔صاحب کتاب اور کتاب کے مشمولات

کا تعارف پیش کیا۔ کتاب کی خوبیوں پر زیادہ نظر ڈالی اور کتاب کی خامیوں کو سرسری طور پر اجاگر کرتے ہوئے ادب کی دنیا میں کتاب کے مقام کا تعین کیا۔ پروفیسر مرزا اکبر علی بیگ فن اور شخصیت موضوع پر لکھی گئی ڈاکٹر محمد ابرار الباقی کی لکھی تصنیف پر تبصرہ کرتے ہوئے فکر نو کے مصنف لکھتے ہیں ''اس کام کی دستاویزی اہمیت بھی ہے۔ڈاکٹر محمد ابرار الباقی کا اسلوب رواں سادہ اور دلچسپ ہے۔ تحقیق کے موضوع پر کتاب ہونے کے باوجود قاری کو کہیں روکھا پن محسوس نہیں ہوتا۔'' اس طرح ہم دیکھتے ہیں کہ ڈاکٹر محمد عبدالعزیز سہیل کے یہ ادبی تبصرے قاری اور ادیب کے درمیان رابطے کا کام کرتے ہیں۔ان تبصروں کو وہ نہ صرف یکسوئی سے لکھتے ہیں بلکہ ان کی اخبارات ورسائل اور عالمی سطح پر دستیاب انٹرنیٹ کی اہم ویب سائٹوں پر اشاعت کے لئے روانہ کرتے ہیں۔ ڈاکٹر محمد عبدالعزیز سہیل میں سیکھنے کی جستجو ہے ان کا عوامی رابطہ قابل ستائش ہے وہ ہر ادیب اور شاعر سے نہ صرف شاگردانہ رابطہ رکھتے ہیں بلکہ اردو کے ادبی اجلاسوں ،سمیناروں اور دیگر تہذیبی پروگراموں کے انعقاد اور انصرام میں اپنا بھرپور دست تعاون پیش کرتے ہیں۔ یہی وجہہ ہے کہ اس کتاب میں انہوں نے جن شعرا اور ادیبوں کے تبصرے لکھے وہ مختلف شعبہ ہائے حیات سے تعلق رکھتے ہیں اور فاضل مصنف سے ان کے روابط بھی ہیں۔ ڈاکٹر محمد عبدالعزیز سہیل سوشیل میڈیا پر سرگرم ہیں اور اپنی جانب سے اردو کی تہذیبی خبروں کو عوام تک پیش کرتے ہیں وہ اردو کے طالب علم تو ہیں ہی ویسے پیشے کے اعتبار سے نظم ونسق عامہ کے لیکچرر ہیں اور کالج میں بھی ہمہ جہت پروگراموں کے انعقاد سے نئی نسل کی علمی آبیاری کر رہے ہیں۔ اردو کے نئے دور کے طالب علموں کے لئے وہ ایک مثال ہیں۔ کہ کس طرح اردو کے ابھرتے قلم کاروں کو اپنے لئے اور اردو کے لئے نئے نئے مواقع اور امکانات کا اہل بنایا جائے۔ ڈاکٹر محمد عبدالعزیز سہیل کی اس تصنیف کی اشاعت پر انہیں مبارکباد پیش کرتے ہوئے ان کے لئے نیک تمنائیں پیش ہیں اواس کے ساتھ فن تبصرہ نگاری میں مزید نکھار کے لئے ان کے لئے ایک مشورہ بھی ہے کہ وہ جس موضوع کی کتاب پر تبصرہ کر رہے ہیں اس کی تنقید بھی مد نظر رکھیں اور کتاب

کے تعارف کے ساتھ اس کے ان گوشوں کی جانب ادیب وشاعر کی توجہ دہانی کرائیں جس کی کتاب میں ایک نقاد کمی محسوس کرتا ہے۔تنقیدی رجحان زندگی کے تجربوں کے ساتھ ساتھ پختہ کار ہوتا جاتا ہے امید ہے کہ ڈاکٹر محمد عبدالعزیز سہیل اپنی تحریروں کے ذریعے ایک اچھے مبصر' محقق اور نقاد کے طور پر جانے جائیں گے بلکہ وہ ایک اچھے نثر نگار کے طور پر بھی ادب کی دنیا میں اپنا نام روشن کریں گے۔ مجھے خوشی ہے کہ میرے ہم وطن ہونے کے ناطے انہوں نے اہلیان نظام آباد اور اس کی اعلی ادبی روایات کو آگے بڑھانے کا سلسلہ جاری رکھا ہے۔امید ہے کہ اردو کی اچھی کتابوں کے قدر داراں اس کتاب کی پذیرائی کریں گے اور مصنف کو مزید حوصلہ بخشیں گے۔دیدہ زیب ٹائٹل' 192 صفحات پر مشتمل یہ کتاب ایجوکیشنل پبلشنگ ہاؤز نئی دہلی سے شائع ہوئی۔اور مصنف سے فون نمبر 9299655396 پر رابطہ کرتے ہوئے حاصل کی جاسکتی ہے۔

نام کتاب: ''سفینہ ادب'' (تحقیقی وتنقیدی مضامین)

مصنف : ڈاکٹر عزیز سہیل

ڈاکٹر محمد عبدالعزیز سہیل نئی نسل سے تعلق رکھنے والے اردو کے ایک ہمہ جہت ادیب اور قلمکار ہیں۔ اردو میں تحقیقی وتنقیدی مضامین لکھنا اور اردو کتابوں پر تبصرہ کرنا ان کا ادبی مشغلہ ہے۔ انہوں نے جامعہ عثمانیہ سے اردو میں پی ایچ ڈی کی ڈگری حاصل کی ہے۔ اب نظم ونسق عامہ مضمون میں مولانا آزاد اردو یونیورسٹی سے بھی دوسری مرتبہ پی ایچ ڈی کر رہے ہیں اس کے ساتھ ساتھ وہ تلنگانہ کے اقامتی اسکول میں اردو مدرس کی حیثیت سے حیدرآباد میں سرکاری ملازمت پر مامور ہیں۔ اپنی تخلیقات کو اخبارات ورسائل میں شائع کراتے رہتے ہیں اور انہیں اردو کی اہم ویب سائٹس پر بھی پیش کرتے رہتے ہیں۔ ڈاکٹر عزیز سہیل نئی نسل کے اردو کے ایسے ادیب ہیں جو کمپیوٹر ٹیکنالوجی سے اچھی واقفیت رکھتے ہیں۔ اپنی تخلیقات کو دنیا بھر کی مقبول عام ویب سائٹس پر پیش کرتے رہتے ہیں یہی وجہ ہے کہ جب کوئی گوگل میں ان کا نام ٹائپ کرتا ہے تو ان کے نام سے بہت سی تخلیقات سامنے آتی ہیں اردو کی نئی نسل کے ادیبوں کے لیے وہ ایک مثال ہیں کہ خود ہی اردو میں مضامین ٹائپ کرتے ہیں اور ای میل کی سہولت سے اشاعت کے لیے روانہ کرتے ہیں۔ کرونا وباء کے بعد دنیا بھر میں جو تعلیمی نظام میں تبدیلی واقع ہوئی اور آن لائن تعلیم کا سلسلہ چل پڑا ہے ڈاکٹر عزیز سہیل اس معاملے میں بھی میر کارواں ہیں اور اپنی سرکاری ضروریات کی تکمیل کرتے ہوئے انہوں نے اردو نصاب کی تفہیم کے بہت سے کارآمد ویڈیوز تیار کیے ہیں جو یوٹیوپ پر دنیا بھر کے ناظرین کی تعلیمی ضروریات کی تکمیل کر رہے ہیں۔ عزیز سہیل کا اپنا ایک بلاگ ''معمار جہاں'' کے عنوان سے بھی گوگل پر دستیاب ہے۔ جس پر ان

کی تخلیقات اور تصانیف کی تفصیل دیکھی جاسکتی ہیں۔ڈاکٹر عزیز سہیل کا تعلق ریاست تلنگانہ کے ضلع نظام آباد سے ہے ان کے والد محترم جناب مولوی عبدالغفار صاحب اپنے وقت کے بڑے داعی اور سماجی جہت کار گزرے ہیں۔علمی گھرانے سے تعلق رکھنے کے سبب ڈاکٹر عزیز سہیل نے کم وقت میں اپنے جوہر نکھارے اور اب اردو زبان و ادب کے مضبوط سپاہی کے طور پر کام کر رہے ہیں۔تلنگانہ کے ریسرچ اسکالرس کی تنظیم سے وابستہ ہیں اور اردو ریسرچ اسکالرس کو آگے بڑھانے میں تعاون پیش کرتے رہتے ہیں۔اردو کتابوں کی اشاعت کے معاملے میں وہ برق رفتار ہیں یہی وجہ ہے کہ گزشتہ پانچ چھ سال میں ان کی اب تک دس کتابیں منظر عام پر آچکی ہیں۔جن میں ادبی نگینے 2014۔ڈاکٹر شیلا راج تاریخی و ادبی خدمات 2014۔سماجی علوم کی اہمیت مسائل اور امکانات 2015۔میزان نو 2015۔مولوی عبدالغفار حیات و خدمات 2016۔دیار ادب 2016۔رونق ادب 2017۔فکر نو 2017۔مضامین ڈاکٹر شیلا راج 2018۔نظم ونسق عامہ میں ابھرتے رجحانات 2019 شامل ہیں۔ڈاکٹر عزیز سہیل کے تحقیقی وتنقیدی مضامین پر مشتمل گیارہویں تصنیف ''سفینہ ادب'' کے عنوان سے ڈسمبر 2019ء میں اردو اکیڈیمی تلنگانہ اسٹیٹ کے جزوی مالی تعاون سے ایجوکیشنل پبلشنگ ہاؤز نئی دہلی سے شائع ہوئی۔کتاب کے مشمولات میں حرف آغاز ڈاکٹر محمد غوث' پیش لفظ پروفیسر سید فضل اللہ مکرم' عزیز از دکن ڈاکٹر غضنفر اقبال' تقریظ ڈاکٹر سید اسرار الحق سبیلی' اپنی بات ڈاکٹر عزیز سہیل اور مضامین میں کلام اقبال اور قرآن' امجد حیدرآبادی کی شاعری اور قرآن وحدیث' عصر حاضر میں بچوں کا ادب اور بچوں کے رسائل ایک جائزہ' آصف جاہی حکمرانوں کی رواداری' حیدرآباد کے کائستھ خاندان کے چند غیر مسلم شعراء' تلنگانہ میں اردو کا فروغ مسائل اور امکانات' اردو یونی کوڈ سسٹم اور چند نمائندہ ویب سائٹس ایک جائزہ' تبصرہ اور تبصرہ نگاری' مہجری ادب برطانیہ اور حبیب حیدرآبادی' رپورتاژ نگاری کا فن اور عبدالرحیم نشتر کی رپورتاژ نگاری' رپورتاژ نگاری میں خواتین قلمکاروں کی خدمات' اردو شاعری اور عید' امجد حیدرآبادی حیات اور شخصیت' عظیم شاعرو

اعلیٰ فنکار مضطر مجاز' پیکر خلوص جناب حلیم بابر' بلبل دکن پروفیسر فاطمہ پروین' ڈاکٹر سروشہ نسرین قاضی ایک مطالعہ' فروغ اردو کے لیے ٹیکنالوجی کا استعمال اور ڈاکٹر محمد اسلم فاروقی کی خدمات' چہرہ چہرہ آئینہ عبداللہ ندیم۔

مضامین کے مجموعے ''سفینہ ادب'' کے مشمولات پر نظر ڈالنے سے اندازہ ہوتا ہے کہ واقعی ڈاکٹر عزیز سہیل نے اردو ادب کے بحر بیکراں میں اپنے قلم کا سفینہ چابک دستی سے چلایا ہے اور اس بحر سے اردو زبان وادب تحقیق وتنقید کے قیمتی موتی چن لئے ہیں۔ شخصیات کے علاوہ اقبالیات' امجد حیدرآبادی' تبصرہ نگاری اور رپورتاژ نگاری پر ان کے مضامین ان کے گہرے مطالعے کا پتہ دیتے ہیں۔ حرف آغاز کے عنوان سے ڈاکٹر محمد غوث سکریٹری' ڈائرکٹر تلنگانہ ریاستی اردو اکیڈیمی لکھتے ہیں کہ ''ڈاکٹر عزیز سہیل کا شمار تلنگانہ کے نثر نگاروں میں ہوتا ہے انہوں نے سخت محنت اور سنجیدہ جستجو سے نئے لکھنے والوں میں اپنی منفرد پہچان بنالی ہے۔ بہ حیثیت نثر نگار کے اردو کے غیر افسانوی ادب پر ان کی تحریریں قابل تحسین ہیں۔'' پیش لفظ میں پروفیسر سید فضل اللہ مکرم ڈاکٹر عزیز سہیل کے تعلق سے لکھتے ہیں کہ ''جب تک وہ اردو سے پی ایچ ڈی تھے انہوں نے نظم ونسق عامہ کے لیکچرر کی حیثیت سے کام کیا اب انہوں نے تہیہ کیا تھا کہ نظم ونسق عامہ میں بھی پی ایچ ڈی کریں گے تو خدا نے انہیں اردو زبان وادب کی تدریس کے لیے مامور کیا۔ ڈاکٹر عزیز سہیل محنتی' دیانت دار اور سچی لگن سے پڑھنے پڑھانے والی شخصیت کا نام ہے''۔ گلبرگہ کے نامور ادیب محقق ونقاد ڈاکٹر غضنفر اقبال عزیز از دکن کے عنوان سے ڈاکٹر عزیز سہیل کے اسلوب پر تبصرہ کرتے ہوئے لکھتے ہیں: ''ان کے مضامین کا سہل اسلوب متوازن رویہ اور اعتدال کی روش اختیار کیے ہوئے ہے ان کے نثری بیانیہ نے علم افروز تحریروں کو جنم دیا ہے۔ ان کے تحقیقی محاکمات خوبصورت پیرائے میں بیان ہوئے ہیں۔ ڈاکٹر عزیز سہیل عصری ادب سے آشنا ہیں اسی لیے وہ تعمیر پسند ادیب کی ذمہ داری خوب نبھا رہے ہیں''۔ ڈاکٹر اسرار الحق سبیلی لکھتے ہیں: ''نئی کتابوں کو دیکھ کر دل مچلنا اور اس کا مطالعہ کرنا بچوں اور بڑوں کی فطرت میں شامل ہے لیکن اس سے بڑھ

کراس مطالعہ کوقلم بند کرنا اور اس پر اظہار خیال کرنا بڑی اچی عادت اور شوق ہے اور یہ شوق عزیز سہیل میں بدرجہ اتم موجود ہے جس کے نتیجے میں انہوں نے مضامین نو کے انبار لگا دیئے۔

سفینہ ادب کے پہلے مضمون میں ڈاکٹر عزیز سہیل نے کلام اقبال اور قرآن کے عنوان سے اقبال کے قرآن سے غیر معمولی لگاؤ اور ان کی شاعری پر اس کے گہرے اثرات کو اقبال کے مختلف اشعار اور مختلف مفکرین کے بارے میں ان کی رائے کو پیش کرتے ہوئے لکھا کہ اقبال کی زندگی پر سب سے زیادہ اثر قرآن مجید کا دکھائی دیتا ہے۔مضمون کے آخر میں انہوں نے اس عالمی حقیقت کو آشکار کیا کہ آج بھی ہدایت سے دور بھٹکی ہوئی انسانیت کے لیے نجات کی راہ قرآن مجید ہی ہے۔اگر لوگ اس حقیقت پر عمل پیرا ہو جائیں تو وہ اقبال کے سچے جانشین بن سکتے ہیں۔مضمون امجد حیدر آبادی کی شاعری اور قرآن و حدیث میں ڈاکٹر عزیز سہیل نے رباعیات امجد میں قرآنی اشارات کو ان کی رباعیات کی مثالوں سے واضح کیا ہے۔انہوں نے لکھا کہ چونکہ امجد کی تعلیم و تربیت دینی ماحول میں ہوئی تھی اسی وجہ سے انہوں نے اپنی رباعیات میں اسلامی فکر کو قرآن و حدیث کے مضامین اور سیرت رسول ﷺ کے اشاروں سے پیش کیا ہے۔قرآن کی عظمت پر انہوں نے یہ رباعی پیش کی ہے۔

ہر وقت فضائے دلکشا دیکھتے ہو

صحرا و چمن ارض و سما دیکھتے ہو

مخلوق میں نیرنگی خالق دیکھو

قرآن پڑھو جلد کو کیا دیکھتے ہو

بچوں کے ادبی رسائل سے متعلق مضمون ڈاکٹر عزیز سہیل نے اچھی تحقیق کی ہے اور ہندوستان سے جاری ہونے والے بچوں کے اہم رسائل کا تعارف پیش کیا ہے۔اسی ضمن میں انہوں نے نظام آباد سے جاری ہونے والے رسالے التوحید کا تعارف بھی پیش کیا ہے۔اپنے مضمون میں انہوں نے پروفیسر ابن کنول کی اس رائے کو بھی شامل کیا ہے کہ بچوں کا ادب لکھنے

کے لیے ادیب کو بچوں کی ذہنی سطح تک نیچے اترنے اور بچوں کی دلچسپی کو ملحوظ رکھنا پڑتا ہے۔ آصف سابع کی رواداری مضمون میں ڈاکٹر شیلا راج کے مضمون کے حوالے سے ڈاکٹر عزیز سہیل نے میر عثمان علی خاں کی رواداری کی مختلف مثالیں پیش کی ہیں اور آصف سابع کی رواداری کو ایک ایسے دور میں اجاگر کیا جب کہ ملک بھر اور دکن میں مسلم حکمرانوں کو فرقہ پرست اور ظالم قرار دینے کی مذموم حرکتیں کی جارہی ہیں۔ حیدرآباد کے کائستھ خاندان کے چند غیر مسلم شعراء ایک تحقیقی مضمون ہے جس میں دور آصفی میں کائستھ خاندان کے افراد کی خدمات کا احاطہ کرتے ہوئے اس دور کے چند اہم شعراء کا تعارف پیش کیا گیا ہے اس مضمون سے واضح ہوتا ہے کہ انیسویں صدی میں حیدرآباد دکن میں اردو شعرو شاعری میں غیر مسلمین کی کافی تعداد مقبول تھی۔ تلنگانہ میں اردو کا فروغ مسائل اور امکانات کے تحت ڈاکٹر عزیز سہیل نے نئی ریاست تلنگانہ میں اردو کے موقف اور اسے سرکاری اور خانگی سطح پر عام کرنے کی تجاویز پیش کی ہیں۔ مضمون کے آخر میں ان کی پیش کردہ تجاویز میں سرکاری دفاتر میں اردو کے چلن کو عام کرنا۔ اردو کتابوں کی اشاعت اور اردو کو ٹیکنالوجی سے جوڑنا وغیرہ شامل ہیں۔

سفینہ ادب میں شامل دیگر مضامین بھی اپنے موضوع کی بھرپور وضاحت کرتے ہیں۔ ڈاکٹر عزیز سہیل اپنے منتخب کردہ موضوع کو مختلف مثالوں سے واضح کرتے ہیں اس موضوع سے متعلق ماہرین کی رائے پیش کرتے ہیں اور اپنی تجاویز بھی رکھتے ہیں ان کا اسلوب سادہ اور رواں ہے۔ قاری کو ان کی تحریر بوجھل محسوس نہیں ہوتی ان کے موضوعات میں تنوع ہے۔ اور قارئین کے لیے دلچسپی کا سامان بھی ان کی تحریروں میں پایا جاتا ہے۔ ڈاکٹر عزیز سہیل کو ان کی گیارہویں تصنیف کی اشاعت پر مبارکباد پیش ہے۔ 192 صفحات پر مشتمل اس کتاب کی قیمت 250 روپے رکھی گئی ہے اور یہ تصنیف مصنف سے رابطہ کر کے یا ایجوکیشنل بک ہاؤز نئی دہلی اور ملک کے اہم کتابی مراکز سے حاصل کی جاسکتی ہے۔ انٹرنیٹ کے اس عالمی رابطے کے دور میں ڈاکٹر عزیز سہیل کے لیے تجویز ہے کہ وہ اپنی کتابوں کو عالمی کتابوں کے پلیٹ فارم پر رکھیں تاکہ اردو کی نئی بستیوں سمیت عالمی سطح پر ان کی تحریروں سے اردو داں طبقہ استفادہ کرسکے۔

تبصرہ   :   رسالہ "روشن ستارے" (پہلا شمارہ)

ناشر   :   تلنگانہ ریاستی اردو اکیڈیمی

بچے کسی بھی ملک کا اثاثہ ہوتے ہیں اور ان کی تعلیم و تربیت کرنا والدین اور سماج کی ذمہ داری ہے۔ بچہ مادری زبان میں گھر سے تہذیب کے گھونٹ پی کر درس گاہ میں قدم رکھتا ہے۔ اگر اس کی مادری زبان میں ہی اس کی تربیت کا سامان فراہم کیا جائے تو بچوں کی بہتر تربیت ممکن ہے۔ تلنگانہ اسٹیٹ اردو اکیڈیمی کے صدرنشین جناب رحیم الدین انصاری صاحب جب دوسری مرتبہ اردو اکیڈیمی کے صدرنشین نامزد کئے گئے تو اپنا عہدہ سنبھالتے ہی انہوں نے اردو اکیڈیمی کی جانب سے فروغ اردو کے مزید نئے کاموں کا آغاز کیا۔ ماہرین اردو زبان، اساتذہ اور دانشوروں کے ساتھ مشاورتی اجلاس منعقد کئے۔ جس میں یہ فیصلہ کیا گیا کہ ہماری نئی نسل کو اردو زبان اور اس کی تہذیب سے وابستہ کرنے کے لیے بچوں کا ایک دلچسپ اور خوش نما رسالہ جاری کیا جائے۔ اردو اکیڈیمی کی جانب سے پہلے ہی ادبی رسالہ "قومی زبان" شائع ہو رہا ہے۔ جب بچوں کا رسالہ نکالنا طئے ہوا تو اس کے لیے حیدرآباد کے نامور شاعر جناب سردار سلیم صاحب کی خدمات حاصل کی گئیں جو روزنامہ اعتماد میں بچوں کا صفحہ ترتیب دیتے ہوئے کافی مقبول ہو چکے ہیں۔ چونکہ بچوں کا رسالہ رنگین نکالنا تھا اس لیے اردو میں رسالے کی تزئین و گلکاری کی خاطر ماہر ڈی ٹی پی جناب محمد منہاج الدین کی خدمات حاصل کی گئیں۔ اس طرح جناب رحیم الدین انصاری صاحب کی جستجو اور بچوں کے رسالے کے لیے دستیاب ماہرین کی خدمات حاصل کرنے کے بعد ماہ جون سے رسالے کا اجرا عمل میں آیا۔ اور اس کا نام "روشن ستارے" رکھا گیا۔ بچوں

کے رسالے کی مناسبت سے یہ نام موزوں دکھائی دیتا ہے۔اس رسالے کی مجلس مشاورت میں پروفیسر عقیل ہاشمی، پروفیسر مجید بیدار اور پروفیسر فاطمہ پروین جیسے قابل اساتذہ اردو عثمانیہ یونیورسٹی کے نام شامل ہیں۔ چونکہ یہ پہلا رسالہ ہے اس لیے اس میں موجودہ قلمکاروں کی کم تخلیقات دکھائی دیتی ہیں جب کہ اردو میں بچوں کا ادب لکھنے والوں کے انتخابات کو ترجیح دی گئی ہے۔رسالے کے اندرونی کور پر ستاروں کا البم نام سے چار بچوں کی تصاویر شامل کی گئی ہیں۔اور انہیں خوبصورتی سے پیش کیا گیا ہے۔امید ہے کہ مستقبل میں جب لوگ اپنے بچوں کی تصاویر بھیجنے لگیں تو زیادہ بچوں کی تصاویر شائع ہوسکتی ہیں۔ والدین چاہتے ہیں کہ ان کے پھول جیسے بچوں کی رنگین تصاویر اس خوبصورت رسالے کی زینت بنے۔رسالے کا آغاز جناب محمد عبدالوحید صاحب مدیر رسالہ وسکریٹری ڈائرکٹر اردو اکیڈیمی کے اداریے سے ہوتا ہے۔انہوں نے اس رسالے کی اجرائی کے لیے جناب رحیم الدین انصاری صاحب کی کاوشوں کا ذکر کرتے ہوئے سبھی محبان اردو کو فروغ اردو کی اس مہم سے جڑ جانے کی اپیل کی ہے۔رسالے کی ابتداء بچوں کے مشہور ادیب وشاعر اسمٰعیل میرٹھی کی حمد سے ہوتی ہے۔تعریف اس خدا کی جس نے جہاں بنایا۔کیسی زمیں بنائی کیا آسماں بنایا۔ یہ وہ حمد ہے جسے ماضی کے سبھی اردو دانوں نے اپنی ابتدائی درسی کتابوں میں پڑھا ہے۔حمد کے بعد اقبال کی مشہور دعا ''لب پہ آتی ہے دعا بن کے تمنا میری'' کو شامل کیا گیا ہے تاکہ بچوں پر اس دلنشین دعا کے اثرات مرتب ہوں اور وہ اسے پڑھ کر اس دعا کی عملی تصویر بن سکیں۔حمد اور دعا کے بعد مسعود حسین رضوی ادیب کا تحریر کردہ معلوماتی مضمون پانی کا سفر شامل کیا گیا ہے۔اس مضمون میں آسان زبان میں ہمارے ماحول میں پانی کی مختلف حالتوں کو بیان کیا گیا ہے۔ ساتھ میں ماحول سے متعلق خوبصورت رنگین تصاویر بھی دی گئی ہیں۔ایک دلچسپ نظم ''آتے ہوں گے ابو'' شامل رسالہ ہے۔ جسے سہیل عالم نے لکھا ہے۔بچوں کو رسالے سے جوڑنے کی خاطر ننھے قلمکار کے نام سے اچھا سلسلہ شروع کیا گیا ہے جس میں دلچسپ معلومات کو شامل کیا گیا ہے۔کہانیاں بچے دلچسپی سے پڑھتے ہیں چنانچہ مناظر حسین کی

لکھی کہانی تدبیر شامل رسالہ ہے۔ جس میں بچوں کو بری صحبت سے بچنے کی تلقین کی گئی ہے اور اس بات کو مثال سے سمجھایا گیا ہے۔ ڈاکٹر حلیمہ فردوس بنگلور کی کہانی پیڑ کی فریاد شامل رسالہ ہے جس میں پودے اگانے کی اہمیت اجاگر کی گئی ہے۔ ہنسو اور ہنساؤ سلسلے کے تحت لطائف شامل کئے گئے ہیں۔ اور ان کے بھیجنے والوں کے نام بھی ساتھ میں لکھے گئے ہیں۔ سفید شیر کے عنوان سے معلوماتی مضمون دیا گیا ہے۔ جھوٹی تعریف پر کان نہ دھرو مختصر کہانی کے علاوہ حضرت لقمان کی نصیحتیں از ارشد مبین زبیری' چالاک درزی حکایت' اسمٰعیل میرٹھی کے بارے میں تعارفی مضمون' ایڈیسن کے بارے میں تعارفی مضمون شامل رسالہ ہیں۔ پروفیسر مجید بیدار کی نظم نرانی غذا غب چپ اور برسات کے نام سے دلچسپ نظمیں شامل کی گئی ہیں رسالے میں بچوں کی دلچسپی کے لیے رنگ بھرو اور راستہ دکھاؤ جیسے دلچسپ سلسلے شروع کئے گئے ہیں۔ فاروق طاہر تعلیم سے متعلق سوالات کے جوابات دے رہے ہیں۔ رسالے کے نام کے عنوان سے چراغ حسن حسرت کی نظم آؤ ہم تارے بن جائیں شامل کی گئی ہے۔ عزیز عدنان ملے پلی کی جانب سے اردو کے بارے میں معلوماتی سوال جواب اچھی کوشش ہے۔ مجموعی طور پر رسالہ ننھے ستارے بچوں کے لیے اردو ادب کا بہترین گلدستہ ہے۔ امید ہے کہ جیسے جیسے رسالہ ترقی کرے گا اس میں مزید دلچسپ سلسلے شروع ہوں گے۔ عالمی سطح پر بچوں کے ادب کی مقبولیت پر نظر ڈالیں تو ہمیں ہیری پوٹر اور کارٹون سیریز کی مقبولیت دکھائی دیتی ہے۔ اردو میں ہیری پوٹر کا سلسلہ وار آسان ترجمہ پیش کیا جائے یا کوئی دلچسپ قسط وار سلسلہ جیسے حاتم طائی کا قصہ' سند باد جہازی کی داستان یا کوئی اور مشہور سلسلہ شروع کی جائے تاکہ بچوں کا تجسس اور دلچسپی برقرار رہے۔ بچوں کے لیے ذہنی ورزش' کوئز وغیرہ شروع کیا جائے۔ کسی تجارتی ادارے کی مالی امداد سے انعامی سلسلہ شروع کیا جائے تاکہ لوگ زیادہ سے زیادہ رسالے سے جڑنے لگیں۔ خطوں میں عوامی رائے کو شائع کیا جائے۔ والدین اور اساتذہ اس رسالے کے مطالعے کے لیے بچوں کو وقت فراہم کریں اور ان کی نگرانی کریں کہ وہ کیسے پڑھتے ہیں۔ جب اس رسالے کی تشہیر ہوئی تو مہاراشٹرا سے ایک خریدار

نے پہلی اشاعت کی تین ہزار کاپیاں منگا کر اسکولی بچوں میں تقسیم کیں۔ تجویز رکھی گئی کہ اس رسالے کو جس کی قیمت صرف دس روپئے ماہانہ اور سالانہ 120 روپئے ہے اردو مادری زبان والے سبھی بچوں تک پہونچایا جائے۔ والدین اور اسکول انتظامیہ اس رسالے کو اپنے بچوں کے لیے تحفے کے طور پر خریدیں اور اپنی نگرانی میں اس کا مطالعہ کرائیں۔ اس رسالے میں بچوں کی طرف سے تخلیقات روانہ کریں جس کے لیے ای میل roushansitare.tsua@gmail.com دیا گیا ہے۔ اور ادارے کی جانب سے تخلیق کاروں سے اپیل کی گئی ہے کہ بچوں کا ادب تخلیق کیا جائے۔ ایک دور میں جب کہ ٹیلی ویژن اور اسمارٹ فون نہیں تھا ہمارے بچے رسالہ نور' کھلونا' ہلال' ہادی وغیرہ پڑھ کر اپنے مطالعے کے ذوق کی تکمیل کرتے تھے۔ آج والدین اور سماج کے لیے ایک چیلنج ہے کہ کس طرح ہم اپنے بچوں کے ہاتھوں سے فون ہٹا کر ان کے ہاتھ میں اس طرح کے رسالے دیں جن کے مطالعے سے ان کی اردو دانی بڑھے گی اور ان کی اخلاق کی تربیت بھی ہوگی۔ مجموعی طور پر رسالہ ننھے ستارے اردو اکیڈیمی تلنگانہ اسٹیٹ کی ایک کامیاب کوشش ہے جس کی اردو حلقوں کی جانب سے پذیرائی ہونی چاہئے۔ رسالے کی خریداری کے لیے سکریٹری / ڈائرکٹر تلنگانہ اسٹیٹ کے نام ڈرافٹ یا منی آڈر بھیج سکتے ہیں۔ امید ہے یہ رسالہ آن لائن بھی رکھا جائے گا تا کہ دنیا بھر کے اردو دان اپنے بچوں کو اسے پڑھنے کے لیے دے سکیں گے۔

ڈاکٹر محمد اسلم فاروقی

کی تصنیف

سائنس نامہ

(اردو میں سائنسی مضامین کا مجموعہ)
شائع ہو چکی ہے

ڈاکٹر محمد اسلم فاروقی

کی تصنیف

برطانیہ میں اردو اور حبیب حیدرآبادی

(تحقیق و تنقید)

شائع ہو چکی ہے